MARCO POLO

ELBA
TOSKANISCHER ARCHIPEL

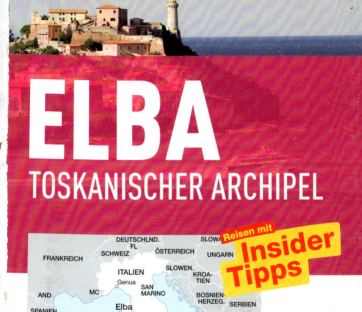

Reisen mit **Insider Tipps**

> Für mich ist ein Aufenthalt auf den Inseln immer wie eine kleine Reise in die Karibik.
> **MARCO POLO Korrespondent**
> **Caterina Romig Ciccarelli**
> *(siehe S. 123)*

Spezielle News, Lesermeinungen und Angebote zu Elba:
www.marcopolo.de/elba

ELBA

> SYMBOLE

MARCO POLO INSIDER-TIPPS
Von unseren Autoren für Sie entdeckt

★ **MARCO POLO HIGHLIGHTS**
Alles, was Sie auf Elba kennen sollten

☼ **SCHÖNE AUSSICHT**

🛜 **WLAN-HOTSPOT**

▶▶ **HIER TRIFFT SICH DIE SZENE**

> PREISKATEGORIEN

HOTELS
€€€ über 150 Euro
€€ 100–150 Euro
€ unter 100 Euro
Die Preise gelten für ein Doppelzimmer ohne Frühstück in der Hauptsaison

RESTAURANTS
€€€ über 40 Euro
€€ 20–40 Euro
€ unter 20 Euro
Die Preise beziehen sich auf ein für das Lokal typisches Menü ohne Getränk. Im Sommer gibt's oft preiswerte Touristenmenüs

> KARTEN

[108 A1] Seitenzahlen und Koordinaten für den Reiseatlas Elba
[U A1] Koordinaten für die Karte Portoferraio im hinteren Umschlag
[0] außerhalb des Kartenausschnitts

Zu Ihrer Orientierung sind auch die Orte mit Koordinaten versehen, die nicht im Reiseatlas eingetragen sind

---

■	**DIE BESTEN MARCO POLO INSIDER-TIPPS**	**UMSCHLAG**
■	**DIE BESTEN MARCO POLO HIGHLIGHTS**	**4**
■	**AUFTAKT**	**6**
■	**SZENE**	**12**
■	**STICHWORTE**	**16**
■	**EVENTS, FESTE & MEHR**	**22**
■	**ESSEN & TRINKEN**	**24**
■	**EINKAUFEN**	**28**
■	**PORTOFERRAIO**	**30**
■	**DER OSTEN**	**44**
■	**DER WESTEN**	**58**
■	**TOSKANISCHER ARCHIPEL**	**74**

INHALT

> SZENE
S. 12–15: Trends, Entdeckungen, Hotspots! Was wann wo auf Elba los ist, verrät die MARCO POLO Szeneautorin vor Ort

> 24 STUNDEN
S. 86/87: Action pur und einmalige Erlebnisse in 24 Stunden! MARCO POLO hat für Sie einen außergewöhnlichen Tag auf Elba zusammengestellt

> LOW BUDGET
Viel erleben für wenig Geld! Wo Sie zu kleinen Preisen etwas Besonderes genießen und tolle Schnäppchen machen können:

Ab an den Strand ohne *Bagno*-Gebühr S. 38 | Hübsch und preiswert in Capoliveri wohnen S. 52 | Campen am Meer nahe Marina di Campo S. 68 | Giglio mit dem Mofa entdecken S. 78

> GUT ZU WISSEN
Was war wann? S. 10 | Meerespark-Guides S. 18 | Spezialitäten S. 26 | Blogs & Podcasts S. 37 | Leuchttürme S. 41 | Bücher & Filme S. 70 | Was kostet wie viel? S. 99 | Wetter in Portoferraio S. 100

AUF DEM TITEL
Naturschutzgebiet Costa dei Gabbiani S. 47
Steile Felsen auf Capraia S. 76

■ **AUSFLÜGE & TOUREN** 82
■ **24 STUNDEN AUF ELBA** 86
■ **SPORT & AKTIVITÄTEN** 88
■ **MIT KINDERN REISEN** 92

■ **PRAKTISCHE HINWEISE** 96
■ **SPRACHFÜHRER ITALIENISCH** 102

■ **REISEATLAS ELBA** 106
■ **KARTENLEGENDE REISEATLAS** 118

■ **REGISTER** 120
■ **IMPRESSUM** 121
■ **UNSERE INSIDERIN** 123

■ **BLOSS NICHT!** 124

ENTDECKEN SIE ELBA!

Unsere Top 15 führen Sie an die traumhaftesten Orte und zu den spannendsten Sehenswürdigkeiten

Die Highlights sind in der Karte auf dem hinteren Umschlag eingetragen

Festa di Sant'Antonio
Auf dem Marktplatz von Capoliveri werden die eindrucksvoll geschmückten Pferde und ihre Reiter gesegnet (Seite 22)

2 Karfreitagsprozession
Die Prozession, bei der sich die Gläubigen der beiden Orte Sant'Ilario und San Piero in Campo in die jeweils andere Kirche begeben, gehören zu den eindrucksvollsten der Insel (Seite 22)

Elba – Isola Musicale d'Europa
Die Konzerte des klassischen Musikfestivals in Portoferraio finden vorwiegend in Kirchen und auf den Plätzen im Freien statt (Seite 23)

Museo Civico Archeologico
Hier können Sie bewundern, was das Meer um die Inseln im Lauf der Jahrhunderte verschlungen und wieder zurückgegeben hat (Seite 34)

Palazzina Napoleonica
In einer Viertelstunde erreichen Sie zu Fuß die Napoleon-Residenz hoch über Portoferraio (Seite 35)

Capoliveri
Das belebteste und eines der hübschesten Bergdörfer Elbas mit verwinkelten Gassen und weitem Blick (Seite 45)

Capo della Stella
Zwei Stunden mit atemberaubender Aussicht (Seite 50)

> DIE BESTEN MARCO POLO HIGHLIGHTS

 Rio Marina
Was aus den Minen ans Licht des Tages kommt, wird auch Sie begeistern! (Seite 54)

 Volterraio
Heute kann man sie besteigen, aber in nahezu 3000 Jahren wurde die Festung niemals eingenommen (Seite 57)

 Marciana Alta
Trutzige Häuser, eingerahmt von einer Festung, in der wundervolle Sommerkonzerte stattfinden (Seite 67)

 Monte Capanne
Besonders im Frühling ist eine Wanderung auf den höchsten Berg Elbas durch seinen üppigen Blumenteppich von großem Reiz (Seite 68)

 Fetovaia/Le Tombe
Eine geschützte Traumbucht: Wenn anderswo schon die rote Flagge weht, können Sie hier noch vergnügt ins Wasser gehen – auch nackt! (Seite 70)

 Golfo della Biodola
Der Vorzeigestrand der Insel mit feinem Sand (Seite 72)

 Capraia
Phantastische Felsformationen und glasklare Tauchgründe (Seite 75)

 Giglio
Eine paradiesische Insel, die vom alles vereinnehmenden Tourismus noch weitgehend verschont blieb (Seite 77)

Bucht von Fetovaia

AUFTAKT

> Hier kann man Ferien machen! Vor den Boutiquen im quirligen Hafen von Portoferraio flattern Strandtücher und bunte Kleidchen, die Rufe der Eisverkäufer vermischen sich mit dem Duft ofenfrischer Pizza. Gleich nebenan beginnen schon Elbas schöne Sand- und Kieselstrände, die in ein glasklares Meer abfallen. In den Buchten schaukeln kleine Boote und große Yachten, während im Landesinneren Felsen und duftende, von Wanderpfaden durchzogene Macchia das Bild bestimmen. Und ob im elegantesten Hotel oder in der einfachsten Unterkunft – überall werden Sie auf Elba gerne aufgenommen und köstlich bewirtet!

> Der Toskanische Archipel – die sieben dem toskanischen Festland vorgelagerten Inseln und das sie umgebende Meer – ist nicht nur das größte Naturschutzgebiet Europas, sondern gehört laut der *International Union Conservation of Nature* auch zu den bedeutendsten Naturwundern der Welt.

Die größte Insel des Archipels ist Elba. Hier finden Sie alles, was Sie für einen schönen, stressfreien und erlebnisreichen Urlaub brauchen: tiefblaue See, reiche Unterwasserflora und -fauna zum Tauchen, große und kleine Sand- und Kieselbuchten zum Baden und Sonnen. Die Küche Elbas ist ebenso hervorragend wie der regionale Wein. Zudem sind die Elbaner sehr gastfreundlich – in den Touristenorten sprechen und verstehen viele sogar Deutsch. Was wollen Sie mehr?

Schon bald nachdem die Fähre vom Kai in Piombino abgelegt hat, können Sie die Insel entdecken. Elba ist nämlich an dieser Stelle nur 10 km vom Festland entfernt. Ehe Sie den Hafen von Portoferraio erreichen, gleitet das Schiff an den schroffen, steil ins Meer abfallenden Klippen am nordöstlichen Punkt der Insel entlang. Kein Strand, kein Sand weit und breit, vereinzelte Häuser hier und da – aber seien Sie nicht enttäuscht! Der Anblick ändert sich schlagartig, wenn die Fähre beidreht und in die Bucht von Portoferraio einläuft.

> **An der Hafenpromenade locken Cafés, Bars und Strandboutiquen**

Ein fröhliches Bild bietet sich Ihnen nun: Die ockergelben Häuser der Inselhauptstadt schrauben sich vom Rund des Hafens in die Höhe. Entlang der Hafenpromenade locken Cafés, Bars und Strandboutiquen. Und am ehemaligen Anleger Molo Mediceo schaukeln Segelyachten aller Größen.

Ob mit kleinen Jollen oder riesigen Yachten – Segeln wird auf Elba großgeschrieben

AUFTAKT

Ab Ostern, aber vor allem zwischen Juni und September spucken die Fährschiffe hier fast stündlich neue Gäste aus. Jedes Jahr werden fast 3 Mio. Übernachtungen gezählt, darunter knapp ein Drittel von Nichtitalienern, vorwiegend aus Deutschland, der Schweiz, Holland, Österreich und Tschechien. Obwohl zu den Gästen noch über 32 000 Elbaner hinzukommen, gibt es auf dem nur 223 km² großen Eiland selbst in der Hauptreisezeit Ecken, in denen Sie keine Menschenseele treffen.

Insgesamt hat die Insel einen Küstenumfang von gut 150 km. Die großen Badebuchten liegen im Norden gegenüber dem Hafen im Golf von Portoferraio, bei Viticcio, Biodola, Procchio und Marciana Marina, im Süden rund um Marina di Campo, Lacona und am Golfo Stella sowie im Osten zwischen Porto Azzurro, Rio Marina und Cavo. Etliche kleine und kleinste Sand- oder Kieselstrände an anderen Orten sind oft unter Mühen vom Land oder manchmal auch nur mit dem Boot vom Wasser aus zu erreichen. Doch generell ist das Straßennetz der Insel gut, wenn auch alle Straßen eng, kurvenreich und oft sehr steil sind! Die Orte fernab der Strände wurden noch nicht so sehr vom Tourismus vereinnahmt und haben meist ihren ursprünglichen Charakter bewahrt.

Das mächtige Granitmassiv des Monte Capanne, der selbst im Sommer oft sein Haupt in Wolken hüllt, dominiert den Westteil der Insel.

> ***Die Insel ist eine Fundgrube für Gesteinssammler***

Schon in römischer Zeit wurde hier in Steinbrüchen Granit gebrochen, so sind die Säulen im Pantheon von Rom aus Elbaner Granit. Die Insel ist eine Fundgrube für Sammler von Steinen und Mineralien. Zwar ist Eisenerz der häufigste, aber bei weitem nicht der einzige Bodenschatz. Denn gerade bei den Eisenerzlagern im Osten Elbas, die im Tagbau bearbeitet wurden, finden sich Mineralien und Gesteine, die das Herz jedes Geologen höher schlagen lassen.

Im Lauf der Jahrtausende entstanden durch den Einfluss von Wind und Wetter überall Felsenburgen und Riesenhohlblöcke. Die natürliche Erosion ist auch verantwortlich für die Bergtäler, die meist in einer kleinen Sandbucht auslaufen. Ansonsten aber fällt das Gebirgsmassiv steil ins Meer. Die Kliffe haben eine Höhe

WAS WAR WANN?
Geschichtstabelle

50 000 v. Chr. Aus der Zeit, als Elba wegen des tiefer liegenden Meeresspiegels noch mit dem Festland verbunden war, finden sich Spuren der Neandertaler

Ab 800 v. Chr. Etrusker besetzen die Insel und nennen sie *Ilva* (Eisen)

Ab 400 v. Chr. Griechen gründen die erste Siedlung: *Argoos*

396 v. Chr. Die Römer besiegen die Etrusker und vertreiben die Griechen

575 n. Chr. Langobarden landen auf Elba

Ab 774 Die Sarazenen übernehmen mit Unterbrechungen die Herrschaft

1291 Pisa kämpft mit Genua um Elba und zahlt schließlich eine Ablösesumme

1548 Per kaiserliches Dekret wird die Insel den Medici in Florenz zugesprochen, die das heutige Portoferraio gründen

1603 Die Spanier setzen sich im heutigen Porto Azzurro fest

1759 Die Spanier verlieren Elba an das Königreich Neapel

1802 Nach 13-monatiger Belagerung geht die Insel ungeteilt an Frankreich

1814 Verbannung Napoleons I. nach Elba

1859 Elba und die umliegenden Inseln, nun zum neuen Königreich Italien gehörend, werden Gefängnisinseln

Ab 1910 Wirtschaftliche Bedeutung erlangt die Erzverarbeitung in Portoferraio

Ab 1950 Der Fremdenverkehr setzt ein

1996 Einrichtung des Parco Nazionale dell'Arcipelago Toscano

2005 Der Goldschatz des im Jahr 1841 gesunkenen Passagierdampfers Polluce wird gehoben

von bis zu 120 m. An den Hängen hinter Pomonte und Chiessi wächst Wein, sonst regiert die Macchia, durchsetzt von ausgedehnten Kastanienwäldern an der Nordseite des Bergs. Besonders im Frühling – neben dem Herbst eigentlich die ideale Zeit für einen Urlaub auf Elba – entfaltet sich auf der ganzen Insel die Natur in ihren schönsten Farben.

Sind Sie Musikliebhaber? Dann sollten Sie die Insel am besten im September besuchen, wenn sich Elba in die „Musikalische Insel Europas" verwandelt: *Elba – Isola Musicale d'Europa*. In Kirchen, auf Plätzen und im hübschen Teatro dei Vigilanti in Portoferraio finden dann Konzerte internationaler Solisten und Orchester statt. Die Darbietungen von Jazz- und Rockgruppen, Tanz-, Ballett- und Theaterensembles können Sie während des ganzen Sommers an verschiedenen Spielstätten genießen. Sie werden von der Vielfalt und Qualität des Angebots überrascht sein!

Überraschungen können Sie auch erleben, wenn Sie sich mit der Geschichte der Insel befassen. Schon um 800 v. Chr. hatten die Etrusker das Eiland wegen seines Eisenerzes als Waffenschmiede entdeckt. Vandalen und Ostgoten kamen ab dem 5. Jh., dann machten die Sarazenen den inzwischen eingetroffenen Römern zu schaffen. Christliche Einsiedler suchten in der unwegsamen Landschaft Schutz vor römischer Verfolgung.

In den darauf folgenden Jahrhunderten beherrschte die Republik Pisa die Insel, doch immer wieder fielen Sa-

AUFTAKT

razenen ein. Viele Ortschaften wurden verwüstet, die Männer niederge-

> **Napoleons Aufenthalt ist bis heute ein Segen für die Elbaner**

metzelt, Frauen und Kinder verschleppt. Dann kamen die Medici vom toskanischen Festland und verstärkten die Festungsanlagen. Ihnen folgten die Spanier, die Habsburger, die Franzosen – und schließlich Napoleon. Dreihundert Tage verbrachte er hier im Exil, pendelnd zwischen der Palazzina Napoleonica, seiner Stadtresidenz hoch über Portoferraio, und seinem Sommersitz im kühlen Tal von San Martino. Durch ihn wurde die kleine Insel, die außerhalb Italiens keiner kannte, plötzlich weltweit berühmt.

Bis heute ist sein kurzer Aufenthalt ein Segen für die Elbaner. Man begegnet ihm überall. Sein Konterfei dominiert die Andenkenläden, Sie können seine Residenzen und Gärten bewundern, seine Totenmaske betrachten und sogar an einer alljährlichen Totenmesse teilnehmen. Und wie heißt das Mineralwasser, das Ihnen hier überall angeboten wird? Natürlich *Fonte Napoleone!* Es fließt aus seiner Lieblingsquelle. Und auch heute noch wählen – wie einst der entthronte Kaiser – Tausende von Gästen die Insel zu ihrem Domizil „wegen der Sanftheit ihrer Sitten und der Milde ihres Klimas".

Die Fischerei ernährt trotz abnehmender Fischbestände noch immer eine große Zahl der Elbaner

▶▶ TREND GUIDE ELBA

Die heißesten Entdeckungen und Hotspots! Unser Szene-Scout zeigt Ihnen, was angesagt ist

Silke Mevius
die Tauchlehrerin lebt und arbeitet seit fast neun Jahren auf der kleinen Mittelmeerinsel, die ihr zur zweiten Heimat geworden ist. Als Naturfreak holt sich unser Szene-Scout ihre Inspiration aus der spannenden Unterwasserwelt Elbas und in den Bergen beim Wandern und Mountainbiken. Wenn sie nicht gerade in der Natur ist, zieht sie am liebsten mit Freunden durch die Clubs und Bars in Capoliveri.

▶▶ KULTURARCHIPEL

Prosa und Lyrik sind in
Die Literaturszene der kleinen Insel glänzt mit zwei renommierten Festivals, die Schriftsteller aus ganz Italien anziehen: Auf dem *Premio Letterario Isola d'Elba (www.premio letterarioelba.it)*, dem Festival für Prosa, entscheidet sich, was die literarische Landschaft der Region beeinflusst. Das *Festival Le Voci della Poesia* in Capoliveri präsentiert nicht nur regionale Talente, sondern führt auch Poetik-Fans vom italienischen Festland nach Elba (*www.elba-capoliveri.net,* Foto). Treffpunkt für Literaturinteressierte, auch außerhalb der Festivaltage, ist das Kulturzentrum *Assessorato alla Cultura del Comune di Capoliveri (Piazza del Cavatore 1, Capoliveri)*, wo regelmäßig Veranstaltungen stattfinden.

ISZENE

▶▶ INSEL FÜR JA-SAGER

Hochzeits-Hotspot

Das toskanische Archipel zählt zu den Lieblingszielen für Heiratswillige. Auch Festland-Italiener zieht es auf die Insel, um den schönsten Tag im Leben zu feiern. Besonders romantisch wird's im *Hotel Hermitage* und *Hotel Biodola* (beide in der Bucht von Biodola, Portoferraio, www.elba4star.it). Toll: Die Hotels verfügen über einen privaten Park samt eigener Kapelle für die Zeremonie. Danach geht's zum Sektempfang auf die Terrasse mit Blick aufs Meer oder zum Dinner direkt am Strand. Im *Relais delle Picchiaie* erwartet das Brautpaar ein Poolempfang und ein klassischer Oldtimer für die stilvolle Fahrt zur Kirche *(Loc. Le Picchiaie, www.relaisdellepicchiaie.it, Foto)*.

▶▶ LIVE & LOUD

Musikalische Genüsse

Livekonzerte sind der Hit in den Clubs und Diskotheken der Insel. Auf Elba weiß man eben, dass eine ordentliche Bühnenshow die Party erst richtig in Schwung bringt. Zu den Top-Adressen in punkto Livemusik zählt der Club *Giannino* in Marina di Campo *(Zuffale, www.gianninoelba.com)*. Wenn Lokalmatador Nicola Mei hier seine Version von Italo-Pop spielt, singen alle Gäste laut mit *(www.myspace.com/nicolamei)*. Auch im *Deco Music Club* in Capoliveri geht es bei Live-Gigs so richtig rund *(La Trappola 1, www.decoelba.com)*, denn das Motto lautet Hauptsache tanzbar. So stehen neben House-DJs Musiker wie der Percussionist Silvano del Gado auf der Clubbühne.

▶▶ RALLYE-FIEBER

Mit Vollgas über Elba

Die Insulaner sind im Geschwindigkeitsrausch. Kein Wunder, dass sich die Rallyes zum Publikumsmagneten entwickelt haben. Bei der *Rallye Elba Storico (www.rallyelbastorico.it)* jagen Geschwindigkeitsfans mit lässigen Schlitten von anno dazumal über die Serpentinen. Das Highlight ist die *Ronde dell'Isola d'Elba*. Dabei düsen die Rennfahrer in rasantem Tempo rund um die Insel *(www.rallyelbaronde.com, Foto)*.

▶▶ GRÜNER LIFESTYLE

Alles Öko, oder was?

Elba ist grün: Recyclingsysteme und saubere Initiativen sind gefragt: Zahlreiche Hotels setzen auf Öko-Tourismus und bieten ihren Gästen sogar Elektroautos zur Miete z.B. das Hotel *Le Acacie (Spiaggia di Neregno, Capoliveri, www.acacie.it)*. Das Biohotel *Montemerlo* setzt auf Solaranlagen, Öko-Putzmittel und Biofrühstück *(Loc. Fetovaia, Campo nell'Elba, www.welcometoelba.com)*. Ökologisch nachhaltig wirtschaftet auch das *Hotel Barracuda (Viale Elba 46, Marina di Campo, www.hotelbarracudaelba.it)*. Mehr Ökohotels gibt's unter *www.elbaecohotels.it*.

▶▶ OM SHANTI!

Yoga und Co.

Body, Soul und Spirit heißt es auf Elba, denn die Insulaner folgen dem Trend und nehmen an Yoga-Workshops und fernöstlichen Therapien wie TCM und Shiatsu teil. Die *Casa Castiglioncello* vom Verein *Porta Aperta* hat sich auf Iyengar Yogaseminare spezialisiert *(oberhalb von S. Martino, am Berghang, www.casacastiglioncello.com)*. *Elba Yoga* bietet Yogakurse und Yogatherapie für Stressgeplagte *(Loc. Schiopparello 166, Portoferraio, www.elbayoga.eu)*.

Wer die heilenden Energieströme der Shiatsu-Massage bevorzugt, ist bei Rosa Di Gallo (An-Shin) an der richtigen Adresse *(Loc. Pila, Via Aia Grande 56, Marina di Campo)*.

▶▶ SZENE

▶▶ AUFREGENDE TAUCHSAFARI

Unterwasser-Abenteuer

Tauchsport mit Adventurecharakter begeistert Unterwasserfans auf Elba. Hoch im Kurs bei Tauchabenteurern stehen z.B. die im Jahr 1944 abgeschossene *JU 52*, eine Christusstatue am Tauchplatz Punto Nasuto und zahlreiche Grotten und Steilwände. Kurse und Tauchausflüge bieten das *Mandel Diving Center* in Capoliveri (*Loc. Morcone, www.diving.mandelclub.com,* Foto) oder *Unica Diving* in Portoferraio (*Loc. Magazzini, www.unica-diving.com*). Die Unterwasserfans haben sogar einen eigenen Fotowettbewerb ins Leben gerufen: Fünf Tage lang machen sie sich für „Bilder des Mittelmeeres" unter der Wasseroberfläche auf die Jagd nach den besten Motiven – angetreten wird in den drei Kategorien: Offen, Weitwinkel und Macro (*www.baiablu.org*).

▶▶ ÖNOGASTRONOMIE

Wein und Essen

Weinkellereien und Weinbars auf Elba beweisen Feingefühl für die Besonderheiten ihrer Region und stimmen ihre Gerichte auf die Aromen im Wein ab – Önogastronomie nennt sich dieser Trend, der sich in Elba durchgesetzt hat. Önologe Marco Stefanini des Weinguts *Tenuta Acquabona* (*Loc. Acquabona, Portoferraio, www.acquabonaelba.it,* Foto) arbeitet auch in den Speisen der Cantina mit den typischen Erdbeer- und Thymianaromen des *Elba Rosso D.O.C.*, der ausgezeichnet zu Ragù harmoniert. Im Restaurant der *Tenuta della Ripalte* (*Loc. Ripalte, Capoliveri, www.tenutadelleripalte.it*) begleiten auch leichte Likörweine, wie der *Aleatico*, vorzugsweise Fischgerichte und Vorspeisen. Typisch für den Geschmack der Likörweine Elbas sind die herbe Würze und das leichte Rosen- und Sauerkirscharoma. Weine und Liköre shoppt man am besten nach einem ausgiebigen Mahl in der Cantina der *Azienda la Sughere* (*Loc. Monte Fico, Rio Marina, www.lesughere.it*).

> CAPRILI, NAPOLEON UND WECHSELNDE WINDE

Natur pur – das ist auf Elba kein leeres Versprechen. Von „versteinert" bis „versunken" begegnen Ihnen auf der Insel fast überall Naturschätze

CAPRILI

Wer durch das Gebirgsmassiv des Monte Capanne im Westteil der Insel wandert, stößt immer mal wieder auf sogenannte *caprili,* Hirtenhütten aus groben Steinen, die in ihrer Form an die Iglus der Eskimos erinnern. Der Name leitet sich von *capra,* dem italienischen Wort für Ziege, ab. Denn Ziegenhirten waren es, die die Caprili im ausgehenden 19. Jh. errichteten. Sie setzten Granitsteine so geschickt aufeinander, dass sie weder Mörtel noch Zement brauchten. Die Bauweise sorgt dafür, dass Regenwasser nach außen ablaufen und der Rauch eines Feuers zwischen den Steinen entweichen kann. Eigentlich dienten die Caprili den Hirten nur als Schutz vor plötzlich heraufziehenden Unwettern, doch dann nutzten sie sie auch zur Zubereitung von Käse aus der frisch gewonnenen Ziegenmilch.

Bild: Auf dem Monte Capanne

STICH WORTE

Heute haben die Steinhütten ihre Bedeutung verloren. Trotzdem finden Sie immer noch völlig intakte Caprili und können sie zu einer kurzen Rast nutzen. Sie stehen in der Nähe der kleineren Ortschaften Le Macinelle, Pietra Murata, Masso alla Quata, Colle della Grottaccia, I Campitini, Le Mura oder Monte Cenno, wobei einige meist nur mit einer nur örtlich erhältlichen, sehr genauen Wanderkarte aufzufinden sind.

ETRUSKER

Sie waren quasi die ersten Besetzer Elbas: die Etrusker. Während die auf der Insel beheimateten prähistorischen Völker noch von Ackerbau und Viehzucht lebten, hatten es die Etrusker auf etwas ganz anderes abgesehen. Als sie zwischen 1000 und 800 v. Chr. immer größere Teile des heutigen Mittelitaliens beherrschten und dem Land zu einer ersten städtischen

Hochkultur verhalfen, setzten sie auch nach Elba über, um dort an der Ostküste zwischen Rio Marina und der Halbinsel Calamita Eisenerz im Tagebau zu gewinnen.

Die Etrusker machten Elba fortan zu ihrer Waffenschmiede. Elbas Eisenerz verfügte immerhin über einen Anteil von gut 60 Prozent Eisen. Überall sah man *forni etruschi,* die etruskischen Öfen. Heute erinnert daran noch eine Schmelzofenanlage bei dem Weingut *La Chiusa* in der Nähe von Magazzini. Man sieht dort naturgetreue Nachbildungen etruskischer Schmelzöfen mit den charakteristischen Blasebälgen, die von einem hydraulisch angetriebenen Rad bewegt wurden. Für interessierte Gruppen werden auf Anfrage Führungen gemacht.

MINERALIEN

Über 150 verschiedene Arten von Mineralien wurden auf der Insel registriert. Der im Westen gelegene magmatische Körper bildet den Ursprung des Granitmassivs Monte Capanne, dessen prächtige Kristallisierungen der Turmaline, Aquamarine und Quarze heute nicht nur in den elbanischen, sondern auch in den großen mineralischen Museen der Welt ausgestellt sind. Das im Osten vorhandene Magma ist beinahe vollkommen überschwemmt und hat zur Bildung von Eisenmineralien wie Hämatit, Pyrit, Magnetit und Ilvatit beigetragen.

NAPOLEON

Nachdem Napoleon am 6. April 1814 den Vertrag von Fontainebleau und damit seine Abdankung als Kaiser von Frankreich und Italien unterzeichnet hatte, wurde ihm die Insel Elba als „Ort des Aufenthalts für sein weiteres Leben" und „eigenes Fürstentum" zugewiesen. Napoleon traf am 3. Mai 1814 in Portoferraio ein. Schon die Botschaft, die er am Morgen vor seiner Ankunft durch General Dalesme, den Kommandanten der Stadt, hatte überbringen lassen, war von der Bevölkerung bejubelt worden: „Habt die Güte, den Einwohnern mitzuteilen, dass die Wahl für meinen Aufenthalt aufgrund der Sanftheit ihrer Sitten und der Milde ihres Klimas auf ihre Insel gefallen ist. Sagt ihnen, dass sie der Gegenstand meines größten Interes-

MEERESPARK-GUIDES
Entdecken Sie die Geheimnisse des Arcipelago Toscano!

Seit Kurzem sind für den größten Meerespark Europas, den *Parco Nazionale dell'Arcipelago Toscano,* fünfzehn hochqualifizierte Park-Guides zuständig. Wenn Sie sich für die Besonderheiten des Nationalparks – ob für Flora, Fauna, Geschichte und Legenden – interessieren, können Sie sich auf individuellen Touren von ihnen führen lassen. Kontakt und Infos über den Hauptinformationspunkt des Parkes in Portoferraio *(Calata Italia 1 | Tel. 05 65 91 88 09 | Mo-Fr 8-14, 14.30-19.30, Sa/So 8-13 Uhr | www.isoleditoscana.it).*

STICHWORTE

ses sein werden." Bis zu einem gewissen Grad hat Napoleon wohl sein Wort gehalten, wenn auch seine Bedeutung für Elba heute aus touristischen Gründen verklärt wird. Er ließ Straßen und Alleen anlegen, förderte den Weinbau, den Thunfischfang, das Gesundheitswesen und führte die Müllabfuhr ein. Nicht ganz uneigennützig kümmerte er sich um Steuern und Zölle, denn der Lebenswandel, der Unterhalt der Palazzina Napoleonica in Portoferraio und der Sommerresidenz Villa Napoleonica in San Martino kosteten eine Menge Geld.

Mit viel Geschick und der Unterstützung seiner Mutter und der Lieblingsschwester Paolina Borghese führte der damals 45-jährige Napoleon ein Gesellschaftsleben, das ihm den Ruf eines „Operettenkaisers" einbrachte, ihm aber auch immer wieder ermöglichte, heimliche Gesandte und Agenten aus dem alten Kaiserreich unter dem Deckmantel rauschender Feste zu empfangen. Auf diese Art bestens informiert, konnte Napoleon nach nur 300 Tagen seine Rückkehr nach Frankreich einleiten – mit dem bekannten Ergebnis: 100-tägige Herrschaft, Waterloo und die endgültige Verbannung auf die viel einsamere Insel St. Helena.

Von den Elbanern hatte er sich mit einer Botschaft verabschiedet, die genauso freundlich klingt wie sein Dekret bei der Ankunft: „Elbaner, ich hinterlasse Euch Frieden. Ich hinterlasse Euch Wohlstand. Ich hinterlasse Euch eine saubere, schöne Stadt. Ich hinterlasse Euch meine Straßen und Bäume, für die Eure Kinder mir danken werden."

Ein vorläufig letzter Tribut an Napoleon ist der Film „N", der 2006 nach dem gleichnamigen Roman des Strega-Preisträgers Ernesto Ferrero

Totenmaske Napoleons – er weilte nur neun Monate auf Elba, doch er prägte die Insel

unter der Regie von Paolo Virzi auf Elba gedreht wurde.

PFLANZENVIELFALT

Neben lichten Kastanienwäldern ist das charakteristische Kennzeichen der Insel die Macchia, ein immergrüner Buschwald, der weite Teile der Insel überzieht. Die Macchia entwickelt jenen charakteristischen Duft, der besonders nach einem heißen Tag an ätherische Gesundheitsöle erinnert. Und die Pflanzen, die sich um die Zistrose scharen, entfalten ihre Blüten. Der Frühling kommt bereits

Ende Januar mit der Mandelblüte, setzt sich im Februar und März mit der Mimosenblüte und der Pfirsichblüte fort und gipfelt im April im Aufbrechen aller Blüten in den

Die im Frühjahr blühende Macchia beschert Elba zarte Farben und würzige Gerüche

schönsten Farben. Am Rand der Macchia wachsen dann die für Elbas Küche typischen Gewürze: Beifuß, Fenchel, Melisse, Minze, Oregano, Rosmarin, Salbei und Thymian.

SALZ

Im 17./18. Jh. hatte Elba bei San Giovanni eine der produktivsten Salinenanlagen von ganz Italien. In drei riesigen Becken wurde aus hineingepumptem Meerwasser Salz gewonnen. Das gewonnene Salz musste 40 bis 50 Tage in der Sonne trocknen, bevor es durch die Bucht von Portoferraio in das Salzmagazin der Stadt gebracht wurde. Anfang des 19. Jhs. wurden die Salinen unrentabel. Die Elbaner in dieser Gegend setzten lieber auf die prosperierende Eisenhüttenindustrie. Die Eisenerzrückstände lagerten sie in den alten Salinen ab. Salzrückstände und Mineralien gingen eine chemische Verbindung ein, die den Algenwuchs förderte. Im Lauf der Jahrzehnte entstand so ein besonderer Meeresschlamm mit Heilwirkung. Er wird seit den 1950er-Jahren gezielt in den Thermen von San Giovanni eingesetzt.

TIERE ZU LAND UND ZU WASSER

In Elbas Kastanienwäldern sind wieder Wildschweine angesiedelt worden. Auch in der Macchia machen sie sich breit. Dort leben hauptsächlich Marder, Igel und Wildschafe. Letztere sind geschützt, obwohl sie sich beträchtlich vermehren. Zudem finden sich Schlangen, die aber zu über 90 Prozent ungiftige Nattern sind. Unter den Insekten, die ihre Streifzüge auch von der Macchia aus unternehmen, gibt es Heuschrecken, Grillen, Zikaden und selbstverständ-

> www.marcopolo.de/elba

STICHWORTE

lich Bienen. Die in anderen Mittelmeerregionen von Reisenden gefürchteten Stechmücken tauchen nur vereinzelt auf.

Im Meer rund um Elba finden Sie die typische, überaus reichhaltige Mittelmeerfauna. Austern, Krabben, Langusten und Muscheln lagern auf den Felsen und winzigen Korallenbänken; Gold- und Zahnbrassen, Thunfische und Seebarben schwimmen durch sie hindurch. Nicht zuletzt sind sie auch Beute für die Silbermöwen und Reiher, die besonders entlang der Steilküste im Westen der Insel nisten.

WIND

Über Elba wehen eine ganze Menge Winde. Oft wechseln sie innerhalb kürzester Zeit. Manchmal scheinen sie sich an der höchsten Erhebung, dem Monte Capanne, richtiggehend festzuhaken. Im Sommer sorgen sie auch bei hohen Temperaturen für angenehme Kühlung. Diese subjektiv empfundene Erfrischung ändert aber nichts an der starken Sonneneinstrahlung – deshalb Vorsicht vor Sonnenbrand! Im Winter können sich die Winde im Gebiet des toskanischen Archipels zu gewaltigen Stürmen auswachsen, die manchmal sogar die Fährschifffahrt lahm legen.

Rund um die Insel unterscheidet man den *grecale* (kommt trocken von Nordost), den *levante* (ebenso trocken von Ost), den *maestrale* (kalt und mächtig von Nordwest), den *mezzogiorno* (warm von Süd), den *ponente* (bringt gutes Wetter von West), den *scirocco* (kommt feucht und heiß von Südost aus den Wüsten Nordafrikas) und den *tramontana* (weht trocken und kalt von Nord, verheißt aber für die nächsten Tage gutes Wetter).

> DAS KLIMA IM BLICK
Handeln statt reden
atmosfair

Reisen bereichert und verbindet Menschen und Kulturen. Jedoch: Wer reist, erzeugt auch CO_2. Dabei trägt der Flugverkehr mit bis zu 10 % zur globalen Erwärmung bei. Wer das Klima schützen will, sollte sich somit nach Möglichkeit für die schonendere Reiseform (wie z.B. die Bahn) entscheiden. Wenn keine Alternative zum Fliegen besteht, so kann man mit *atmosfair* handeln und klimafördernde Projekte unterstützen.

atmosfair ist eine gemeinnützige Klimaschutzorganisation.

Die Idee: Flugpassagiere spenden einen kilometerabhängigen Beitrag für die von ihnen verursachten Emissionen und finanzieren damit Projekte in Entwicklungsländern, die dort helfen den Ausstoß von Klimagasen zu verringern. Dazu berechnet man mit dem Emissionsrechner auf *www.atmosfair.de* wie viel CO_2 der Flug produziert und was es kostet, eine vergleichbare Menge Klimagase einzusparen (z.B. Berlin-London-Berlin: ca. 13 Euro). *atmosfair* garantiert, unter der Schirmherrschaft von Klaus Töpfer, die sorgfältige Verwendung Ihres Beitrags. Auch der MairDumont Verlag fliegt mit *atmosfair*.

Unterstützen auch Sie den Klimaschutz: *www.atmosfair.de*

ELBA FEIERT DAS GANZE JAHR ÜBER

Zahlreich sind die Prozessionen und Musikfestivals – und zur Segelregatta kommen Crews aus ganz Europa

> Wie in den meisten Gegenden Italiens bestimmt auf Elba der Kalender der katholischen Kirche die Feiertage. Besonders der Tag des Ortsheiligen wird meist mit einem Dorffest gefeiert, oft mit beleuchteten Bootsprozessionen und anschließendem Feuerwerk! Vor allem während der Sommermonate findet eine Vielzahl von künstlerischen, folkloristischen und sportlichen Veranstaltungen statt.

GESETZLICHE FEIERTAGE

1. Jan. *Neujahr;* **6. Jan.** *Fest der Drei hl. Könige;* *Ostersonntag und Ostermontag;* **25. April** *Tag der Befreiung vom Faschismus 1945;* **1. Mai** *Tag der Arbeit;* **2. Juni** *Tag der Proklamation der Republik;* **15. Aug.** *Mariä Himmelfahrt (Ferragosto);* **1. Nov.** *Allerheiligen;* **8. Dez.** *Mariä Empfängnis;* **25. Dez.** *Weihnachten;* **26. Dez.** *Fest des hl. Stephan*

FESTE & VERANSTALTUNGEN

17. Januar
Capoliveri: ⭐ *Festa di Sant'Antonio*, am Fest des hl. Antonius ziehen festlich geschmückte Pferde durch das Dorf und werden gesegnet.

Sonntag vor Aschermittwoch
Porto Azzurro: ⭐ *Faschingszug*, ebenfalls mit festlich geschmückten Pferden

Ostern
Wie überall in Italien findet auch in allen Orten auf Elba am Karfreitag (der kein Feiertag ist!) eine *Prozession* statt. Sant'Ilario und San Piero in Campo: In einer eindrucksvollen ⭐ *Karfreitagsprozession* ziehen die Bewohner beider Ortschaften morgens jeweils in die benachbarte Kirche und wieder zurück.

1.–3. Mai und 15. August
An diesen Tagen finden *Wallfahrten* zum Reliquienschrein der *Madonna del Monte* oberhalb von Marciana Alta statt.

Aktuelle Events weltweit auf www.marcopolo.de/events

> EVENTS
FESTE & MEHR

Insider Tipp — Die *Wallfahrt an Mariä Himmelfahrt* (15. Aug.) ist die schönste auf der Insel, an der immer Hunderte von Gläubigen teilnehmen.

Juni/Juli
Capoliveri: tänzerische Darbietungen, *Capoliveri in danza*
Porto Azzurro: Klassische und Jazzkonzerte, *Longone in concerto*

Juni bis August
Openairkinos in Capoliveri, Cavo, Marciana Marina, Porto Azzurro und Portoferraio (Beginn meist 21.30 Uhr)

Juli
Insider Tipp — *Locman Cup – Isola d'Elba:* Seit 2002 findet die Segelregatta mit internationaler Beteiligung statt *(www.elba cup.org)*.
Am 14. Juli stellen die Einwohner von Capoliveri die *Leggenda dell'innamorata* am gleichnamigen Strand nach.

August
▶▶ *Toskana Jazz Festival:* Konzerte auf dem Festland und auf den Inseln des Toskanischen Archipels *(www.toscana jazzfestival.it)*
7. Aug.: Prozession und Feuerwerk für *S. Gaetano* in Campo nell'Elba
12. Aug.: Prozession für *S. Chiara* in Marciana Marina
16. Aug.: Prozession und Feuerwerk für den Schutzpatron der Fischer *S. Rocco* in Procchio

September
Portoferraio: ★ *Elba – Isola Musicale d'Europa,* 14-tägiges Musikfestival Anfang September mit klassischen Konzerten internationaler Orchester und Solisten *(Auskunft Elbapromotion | Tel. 05 65 96 01 57 | www.elba-music.com)*
Am 8. Sept. *Prozession* anlässlich der Geburt Marias zum Kirchlein der *Madonna di Monserrato* aus dem 17. Jh. am Monte Castello oberhalb von Porto Azzurro

> ELBA – INSEL DES WEINS UND ANDERER KULINARISCHER GENÜSSE

Schon die alten Römer haben die Spezialitäten der Insel in höchsten Tönen gelobt

> Auf einer von fischreichen Gewässern umgebenen Insel denkt man beim Thema Essen natürlich zuerst an Fischgerichte. Wie alle Meere ist aber auch das Mittelmeer seit Jahren überfischt, und Frischfisch auf der Speisekarte wird immer seltener – und immer teurer.

Noch liegen die Köstlichkeiten aus der Tiefe – Seebarsch und Seehecht, Thunfisch und Schwertfisch, Garnelen, Langusten und Muscheln – frisch und appetitanregend in den Kühltruhen der Restaurants zur Auswahl. Noch duftet es am Abend entlang der Strandpromenaden und in den Gassen verlockend nach *fritto misto,* den frisch frittierten Fischchen, aber immer öfter finden Sie auf der Speisekarte vor den Gerichten ein kleines Sternchen als Zeichen für tiefgefrorene Ware. Zu den traditionellen Gerichten der Insel gehört Stockfisch, *stoccafisso*. Zum ersten Mal soll er in der Gegend um Rio

www.marcopolo.de/elba

ESSEN & TRINKEN

nell'Elba mit Zwiebeln, Tomaten, Paprika, Pfeffer, Parmesan, schwarzen Oliven, Inselkräutern und Pinienkernen verzehrt worden sein.

Bei den Fleischspeisen ist besonders *cinghiale*, Wildschwein, beliebt, aber es gibt selbstverständlich auch Rind *(manzo)*, Schwein *(maiale)* und Huhn *(pollo)* auf mancherlei Art zubereitet. Vor allem im Herbst ergänzen noch Perlhuhn *(faraona)* und Fasan *(fagiano)* das Angebot.

Zu den Fleischgerichten schmeckt ein gemischter Salat *(insalata mista)*, der besonders reichhaltig sein kann, aber meist noch mit etwas Essig und Olivenöl angemacht werden muss. Besonders schmackhaft im Herbst sind Pilze *(funghi)* – besonders Steinpilze *(porcini)* –, die viele Restaurants dann zu erschwinglichen Preisen anbieten.

Bleibt noch der Hinweis auf das Dessert *(dolce)*. In Sachen Süßigkeiten sind die Elbaner sehr erfindungsreich und kreieren immer neue Torten und Kekse. Zwei typische Kuchen sind *schiaccia ubriaca* und *sportella*.

Die klassische italienische Speisefolge – *antipasto* (Vorspeise), *primo* (meist Teigwaren), *secondo* (Hauptgericht aus Fisch oder Fleisch mit Beilage) und *dolce* – sollten Sie in einem Restaurant der oberen Preisklasse noch immer einhalten. Vor allem junge Leute und Touristen haben aber schon längst eine schnellere und preiswertere Möglichkeit entdeckt, ihren Hunger zu stillen. Bars, Enotheken, Pizzerien und Pubs halten oft den ganzen Tag über appetitliche kleine Gerichte bereit: Ein Glas Wein oder Bier zu einer *focaccia* (gefüllte Teigtasche), einem Stück *pizza* oder

> SPEZIALITÄTEN
Genießen Sie die typische Küche Elbas!

antipasto di mare (insalata di mare) – Muscheln und Meeresfrüchte, gedünstet und meist lauwarm serviert
arista – Schweinebraten, mit Rosmarin und Knoblauch gewürzt
cacciucco (zuppa di pesce) – Suppe mit Fisch und Meeresfrüchten auf Knoblauchbrot
carciofi fritti – geviertelte, ausgebackene Artischocken
cinghiale in umido – Wildschweingulasch in Tomatensoße

cozze alla marinara – Miesmuscheln mit Tomatensoße und Brot (Foto)
fritto misto – in zartem Teig ausgebackene Tintenfischchen, Krebse und kleine Fische
gurguglione – geschmortes Gemüse, vor allem Paprika und Tomaten
minestrone (zuppa di verdura) – frisch zubereitete Suppe aus verschiedenen Gemüsen
pesce alla griglia/pesce bollito (pesce S. Piero) – Frischfisch, vom Grill oder gekocht serviert
polpo in umido – Tintenfisch in Tomatensoße
riso mare/nero – Reis mit Meeresfrüchten bzw. Tintenfisch
sardine ripiene – mit Ei und Parmesan gefüllte und gebackene Sardinen
sburita – Suppe aus Brot, Stockfisch, Knoblauch und Kräutern
spaghetti mare (alla scoglia) – Spaghetti mit Meeresfrüchten
spaghetti alle vongole – Spaghetti mit Venusmuscheln
stoccafisso in umido – Stockfisch in Tomatensoße (meist mit Kartoffeln)
stoccafisso alla riesce – Stockfisch mit Paprikagemüse, Pinienkernen, Kräutern und Parmesan
tonnina in agrodolce – mit Trauben süßsauer eingelegter Thunfisch
tonno alla griglia – Thunfischscheiben vom Grill

ESSEN & TRINKEN

einem *piatto del giorno* (Tagesgericht) tun es meist auch. Und zur *ora blu* (blaue Stunde) hängen viele dann müde von Sand, Sonne und Meer am Tresen, schlürfen einen der herrlichen Cocktails und genießen die kleinen bereitgestellten Minihäppchen.

„Insula vini ferax", „Insel des fruchtbaren Weins", nannte der antike Dichter Plinius die Insel Elba. Wein wird auf dieser Mittelmeerinsel angebaut und verarbeitet, seit es die leidlich zuverlässige Geschichtsschreibung gibt. Die Insel ist klein, die Anbaugebiete sind begrenzt, aber auch heute noch sind die Elbaweine unter Kennern geschätzt. Vor allem in den letzten Jahren haben sie, wie alle Weine der Toskana, sehr an Prestige gewonnen. Die Elbaner bevorzugen den Weißen der Insel, den vornehmlich aus Trebbiano-Trauben gewonnenen *Elba Bianco*, der gut zu Fisch und Krustentieren harmoniert. *Elba Rosso* ist der Wein für die Rotweintrinker unter den Touristen, ein trockener Sangioveto. In den meisten Lokalen können Sie sich auch auf den Hauswein, den *vino aperto* oder *vino di casa*, verlassen.

Trattorien und Bars (nicht aber Restaurants!) bieten inzwischen sogar italienisches und ausländisches Bier vom Fass *(alla spina)* oder in der Dose *(in lattina)* an. Es ist aber teuer und kostet mehr als der offene Wein der Gegend. Und bestellen Sie ein Mineralwasser, so sollten Sie angeben, ob Sie es mit Kohlensäure *(con gas)* oder ohne *(senza gas)* haben möchten. Den krönenden Abschluss eines jeden Essens bildet ein Grappa. Auf der Insel wird er entweder aus allgemeinem Trester oder aus Aleatico-Trester gewonnen. Für festliche Gelegenheiten halten die Elbaner auch noch den *Elba Spumante* bereit: *secco* (trocken) oder *dolce* (süß) krönt er jede Strandparty.

Die auf nur 400 ha angebauten Trauben Elbas genießen unter Kennern einen guten Ruf

Wenn nicht anders angegeben, sind Trattorien und Restaurants von 12 bis 14 Uhr und am Abend von 19.30 bis 22 Uhr geöffnet (vergessen Sie besonders in der Hauptsaison nicht, vorher einen Tisch zu bestellen). Die 2–4 Euro pro Person, die Sie noch zusätzlich auf Ihrer Rechnung entdecken, werden für die stets frische Tischdecke und das Brot als sogenanntes *coperto* berechnet. Außerdem können in Restaurants noch 10 bis 15 Prozent Service aufgeschlagen werden.

Beim Verlassen des Lokals tragen Sie bitte Ihre quittierte Rechnung noch etwa 200 m weit mit sich. Die Finanzpolizei führt immer wieder Kontrollen durch, um Steuerhinterziehungen aufzudecken.

HONIG, ÖL UND STEINE

Auf Elba finden Sie Köstliches für Küche und Keller – auch zum Mitnehmen

> Eines ist klar: nach Elba fährt man nicht des Einkaufens wegen. Die Preise in den Boutiquen haben italienisches Großstadtniveau, übersteigen es manchmal sogar, weil die Insellage (in einigen Bereichen) kaufmännisches Monopolverhalten geradezu herausfordert.
Die Öffnungszeiten der Geschäfte auf Elba und den Inseln sind nicht fest geregelt, als Faustregel gilt: Montags bis samstags sind die Geschäfte von 8.30 bis 12.30 Uhr und von 16 bzw. 17 bis 19.30 Uhr geöffnet. Im Juli und August haben viele Läden auch durchgehend und sonntags offen.

EDELSTEINE & SCHMUCK

Elba ist eine Fundgrube für Liebhaber von Halbedelsteinen, Mineralien und sehr leuchtkräftigen Korallen. Auf der Insel vorkommende Mineralien, ob zu Schmuck verarbeitet oder in ihrem Naturzustand, finden Sie vor allem in den Geschäften von Porto Azzurro, Capoliveri und Marina di Campo. Einen besonders schönen Fund können Sie sogar in vielen Geschäften nach Ihrem Wunsch zur Erinnerung fassen lassen!

KERAMIK

Etwas sperriger als Erinnerungsstück, aber ebenso unverwechselbar ist die schöne Keramik der Insel, die entlang der Straße von Portoferraio nach Porto Azzurro, aber auch auf den Märkten angeboten wird.

KRÄUTER & HONIG

Ein apartes und dazu noch schmackhaftes Mitbringsel sind die inseltypischen Lebensmittel. Seien es hausgemachte Teigwaren oder die berühmten Kräuter, die überall in den Wäldern und der Macchia auf Elba wachsen. Es gibt sie frisch oder getrocknet zu kaufen (in Kräuterläden, *erboristerie,* und auf den Märkten).
Dem Elba eigenen Geschmack der Gewürze ähnlich ist der Geschmack des elbanischen Honigs, der überall angeboten wird. Lassen Sie es ruhig zu, wenn man Ihnen auf Elba Honig um

> EINKAUFEN

den Bart schmiert. Er ist sein Geld wert und wurde bei der nationalen Klassifikation 2002 zum besten Honig Italiens erklärt!

OLIVENÖL & WEIN

Olio Extra Vergine di Oliva ist das „flüssige Gold" der toskanischen Bauern, und die Bauern auf Elba machen da keine Ausnahme! Um die 150 t Oliven werden hier pro Jahr geerntet. Das ergibt etwa 32000 l *Olio Exra Vergine di Oliva*. Wenn Sie ganz sicher sein wollen, nur das beste Olivenöl – d.h. solches aus erster Kaltpressung – zu bekommen, kaufen Sie es direkt beim Erzeuger. Aber machen Sie sich darauf gefasst, dass es nicht ganz billig sein wird!

Ratsam ist es, wenn Sie auch die regionalen Weine direkt beim Erzeuger kaufen. So sollten Sie hier einen *Aleatico dell'Elba* probieren und mit nach Hause nehmen, den berühmten glutroten Dessertwein der Insel. Eine besonders gute Adresse für den Kauf, aber auch für andere D.O.C.-Weine Elbas und seltene Weine der Insel Giglio sowie in Olivenöl eingelegtes Gemüse aller Art und weitere kulinarische Spezialitäten ist *Agricoop Elba* in Seccheto *(www.agricoopelba.it)*.

WOCHENMÄRKTE

Sehr lockend ist ein Besuch der Wochenmärkte: In einem farbenprächtigen Durcheinander finden Sie von fangfrischem Fisch bis zu bunten Flip Flops so ziemlich alles, was Sie sich für Ihren Urlaub ersehnen. Märkte finden meist von 8 bis 13 Uhr statt: montags in Rio Marina, dienstags in Marciana Marina und Rio nell'Elba, mittwochs in Marina di Campo und Cavo, donnerstags in Procchio und Capoliveri, freitags in Portoferraio, samstags in Porto Azzurro und sonntags in Bagnaia und Lacona.

Im Sommer halten die Handwerker ihre Märkte täglich von 21 bis 24 Uhr in den Gassen von Capoliveri, Marciana Marina, Marina di Campo, Porto Azzurro und Portoferraio ab.

> DAS TOR ZU ELBA IST EINE FESTUNG

Wie aus dem einstigen Eisenhafen Portoferraio die lebendige Metropole des Toskanischen Archipels wurde

KARTE IN DER HINTEREN UMSCHLAGKLAPPE

> [111 E1–2] Früher wurden in Elbas Hauptstadt Portoferraio (deutsch „Eisenhafen") Eisenerz und Eisengut für Schwerter und Pflugscharen verschifft. Heute sind es vorwiegend Reisende aus allen Regionen Europas, die via Portoferraio auf die Ferieninsel Elba kommen.

Mit dem neuen Fährhafen erwuchs im Westteil der Stadt ein modernes Zentrum mit Restaurants, Cafés, Boutiquen und den Büros der Fährgesellschaften. Doch auf Elba bleibt Geschichte immer lebendig. Die Gegend, auf der das heutige Portoferraio liegt, ist besonders geschichtsträchtig. Nach den Etruskern gründeten auch die alten Griechen hier eine erste Siedlung. Sie trug den Namen *Argoos*. Zum wichtigen Handelszentrum wurde der Ort erst, als die Römer folgten. Sie bauten die Siedlung an der Bucht aus und nannten

Bild: Hafen von Portoferraio

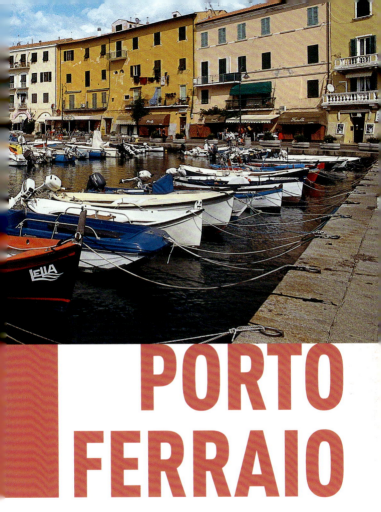

PORTO FERRAIO

sie *Fabricia* nach dem lateinischen Wort für Schmiede. Großherzog Cosimo I. de'Medici ließ im 16. Jh. Portoferraio zu einem befestigten Hafen für den Kampf gegen die Piraten des Mittelmeers ausbauen – erhalten blieben davon der Altstadtkern und die beiden Festungen *Forte Stella* und *Forte Falcone*.

Heute ist Portoferraio mit fast 12 000 Einwohnern die Hauptstadt der Insel Elba und des Toskanischen Archipels, eine Stadt, die – auch wenn Sie nur zum Sonnenbaden und Sporttreiben, zum Mineraliensammeln und Wandern gekommen sind – mindestens einen Besuchstag lohnt.

SEHENSWERTES

Beginnen Sie Ihren Altstadtrundgang am Kai des Hafenbeckens *Darsena*, das im Sommer stets einer großen Flotte Segelyachten Schutz bietet. Am *Molo Mediceo,* an dem einst die

Galeeren der florentinischen Medici festmachten, finden Sie die *Porta a Mare,* durch die es hinauf in die Altstadt geht. Parkplätze sind direkt gegenüber dem Fähranleger oder bei der *Banchina/Alto Fondale.*

vom großen, gepflasterten ☼ Vorplatz. *Salita Napoleone*

CHIESA DELLA MISERICORDIA ★ [U E2]
Die Kirche ist ein Hort der anderswo in Europa nicht immer verstandenen

Die achteckige Torre della Linguella sicherte die Einfahrt zum Hafen Darsena

CASERMA DE LAUGIER – CENTRO CULTURALE E CONGRESSUALE [U E2]

Das ehemalige Kloster San Salvatore (16. Jh.) wurde im 18. Jh. zur Kaserne für die Soldaten des napoleonischen Offiziers Cesare De Laugier. Umgebaut zum Kultur- und Kongresszentrum sind heute hier die *Pinacoteca Foresiana* und die *Biblioteca Foresiana* untergebracht, benannt nach Elbas großem Humanisten Mario Foresi. Er vermachte 1920 seiner Heimatstadt die rund 27 000 Bände seiner Bibliothek *(Mo, Mi, Fr 9–12, Di, Do 15–18 Uhr | Eintritt frei).* Das Zentrum erreichen Sie über eine schöne Treppe aus rosafarbenem Gestein. Herrlich ist der Blick

Verehrung für Napoleon Bonaparte. Das äußerlich schlichte Gotteshaus, in dem seit 1677 die Gebeine des Schutzheiligen von Portoferraio, San Cristino, aufgebahrt sind, hat gleich hinter dem Haupteingangstor einen abgeschlossenen Raum, in dem sich heute ein kleines Museum befindet *(nur auf Anfrage geöffnet | Tel. 05 65 91 40 09).*

Der russische Fürst Demidoff, Ehemann einer Nichte Napoleons, stiftete für die Kirche unter anderem einen Bronzeabguss der Totenmaske, die Napoleon auf St. Helena von dem Arzt Francesco Antommarchi abgenommen worden war, ein Replikat des im Invalidendom von Paris aus-

> www.marcopolo.de/elba

PORTOFERRAIO

gestellten Sarkophags und eine Nachbildung der ebenfalls in Paris im Musée de l'Armée befindlichen Bronzehand Napoleons. Die einzige Bedingung des Fürsten für seine großzügige Schenkung lautete: Einmal im Jahr, am 5. Mai, dem Todestag Napoleons, muss eine Seelenmesse für ihn gehalten werden. Das geschieht dann auch jedes Jahr aufs Neue. *Salita Napoleone*

CHIESA DEL SS. SACRAMENTO [U E3]

Die im Zweiten Weltkrieg stark beschädigte und wieder restaurierte Renaissancekirche aus der Zeit der Medici beeindruckt im Inneren durch den Marmorhochaltar und das Deckengemälde mit der heiligen Jungfrau, das Giovanni Camillo Sagrestani im 17. Jh. schuf. *Via Garibaldi*

DARSENA MEDICEA/HAFENBECKEN [U D–E4]

Das von den Festungen überlagerte und von der *Torre della Linguella* gegen das offene Meer abgesicherte Rund mit der zur Altstadt führenden *Porta a Mare* bietet einen herrlichen Anblick. Die belebte Uferpromenade besticht durch ihre aneinandergereihten bunten Häuser und die zahlreichen Boutiquen, Bars und Cafés, die zum Bummeln einladen.

Früher lagen hier im Hafen Galeeren, Feluken und Brigantinen vor Anker. Der legendäre englische Admiral Horatio Nelson nannte die Darsena Medicea einen der sichersten Häfen der Welt. Dieser seit jeher ideale Anlegeplatz wurde in den letzten Jahren den Anforderungen heutiger Schiffseigner entsprechend ausgestattet: Personal, Wasser, Strom, leicht zugängliche Liegeplätze für Yachten aller Größen und ein umfassender Service rund ums Boot *(Tel. 05 65 94 40 24 | cosimomedici@virgilio.it)*. Sehr saubere Waschgelegenheiten (Duschen, Toiletten etc.) findet man in dem kürzlich renovierten *diurno* in unmittelbarer Nähe der Piazza Cavour *(April–Mitte Juni tgl. 8–13 und 15–20, Mitte Juni–Sept.*

MARCO POLO HIGHLIGHTS

★ **Chiesa della Misericordia**
Jährlich eine Seelenmesse für den verbannten Napoleon (Seite 32)

★ **Forte Stella**
Leuchtfeuer für Seefahrer (Seite 34)

★ **Museo Civico Archeologico**
Damit man weiß, was wo einmal war (Seite 34)

★ **Palazzina Napoleonica**
Einmal in Napoleons Wohnstube blicken (Seite 35)

★ **La Barca**
Pasta aus eigener Herstellung und exzellente Fischgerichte (Seite 37)

★ **Villa Napoleonica**
Bonapartes Sommerresidenz (Seite 42)

★ **Terme di San Giovanni**
Eine Schlammpackung gegen hartnäckigen Juckreiz (Seite 43)

★ **Villa Romana delle Grotte**
Ausgrabungen einer römischen Küstenvilla mit traumhaftem Blick (Seite 43)

tgl. 8–13 und 15–24, Okt.–März Mo bis Sa 8–13 und 15–19, So 8–13 Uhr, Toilette 0,52 Euro, Dusche 2,07 Euro).

DUOMO [U E3]

Hier im Dom hielt man bei der Ankunft von Napoleon 1814 ein feierliches *Tedeum* ab, an dem er kniend teilnahm. Die Fassade wurde im Anklang an die Florentiner Renaissance im 18. Jh dem Gebäude vorgesetzt. *Piazza della Repubblica*

FORTEZZE MEDICEE/
FORTE FALCONE ❄ [U C-D 2-4]

Auf den Wehrgängen und Bastionen der 1548 zum Schutz vor Piratenüberfällen errichteten Festung wurden 1994 auf einer Länge von über 500 m bequeme Spazierwege angelegt. Es gibt sogar einen Kinderspielplatz und eine Bar. Überwältigend ist nicht nur die Festungsarchitektur, von diesen strategisch so wichtigen Punkten haben Sie auch den besten Blick auf Hafen, Stadt und Umland. Besonders im Frühjahr und Herbst erstaunt die Vielfalt an blühenden Pflanzen, die sich im Mauerwerk angesiedelt haben. Der Forte Falcone selbst dient noch immer der Marine als Stützpunkt und kann nicht besichtigt werden. *Via Guerrazzi, an der Piazza del Popolo steigen Sie die Via Pietro Senno hinauf, gleich nach der Unterführung der Festung, der Porta Terra, ist rechts der Eingang | Mitte Juni–Mitte Sept. tgl. 9–20, Ostern bis Mitte Juni und Mitte Sept.–Okt. Do bis Di 10–13 und 15.30–19.10 Uhr (Eintritt 3 Euro), Nov.–Ostern 9–18 Uhr (Eintritt frei), Sammelticket mit Teatro dei Vigilanti und Museo Civico Archeologico 5,50 Euro*

FORTE STELLA ★ ❄ [U F2-3]

Ebenso wie vom Stadtsitz Napoleons können Sie den weiten Blick auf die Bucht von Portoferraio von den Wehrgängen des Forte Stella aus genießen! Die Festung wurde – wie der gegenüberliegende *Forte Falcone* – 1548 unter der Herrschaft der Medici errichtet. Den Leuchtturm in der Nordostecke ließ 1789 Großherzog Leopold I. de'Medici erbauen, um „den Hafen während der Nacht erkenntlich zu machen". Er kann nicht bestiegen werden. *April–Sept. tgl. 9 bis 13 und 14–18 Uhr | Via della Stella | Eintritt 1,50 Euro*

MUNICIPIO [U E3]

Der Gemeindepalast wurde 1562 von Cosimo I. de'Medici errichtet und wird auch *Biscotteria* (Keksdose) genannt, weil hier täglich frisches Brot für die Soldaten gebacken wurde. Sehenswert ist im Hof ein im 2. Jh. v. Chr. bei Seccheto errichteter römischer *Opferaltar*, in dessen Granit der Name seines Stifters, des unter Kaiser Hadrian eingesetzten Präfekten Publius Acilius Attianus, und das Flachrelief einer Herkuleskeule eingemeißelt sind. Dort finden Sie neben etlichen Ehrentafeln auch den Hinweis, dass der französische Schriftsteller Victor Hugo genau hier als Kind spielte, weil sein Vater als Gouverneur nach Elba entsandt worden war. *Piazza della Repubblica*

MUSEO CIVICO ARCHEOLOGICO ★ [U E5]

Das archäologische Museum, das im 16. Jh. als Salz- und später als Thunfischlager diente, gibt didaktisch klug über die wechselvolle Frühgeschichte der Inseln im Toskanischen

PORTOFERRAIO

Archipel Auskunft und besitzt eine umfassende Sammlung der auf Elba vorkommenden Gesteine. *Ostern bis Mitte Juni und Mitte Sept.–Okt. Fr–Mi 10–13 und 15.30–19.10, Mitte Juni bis Mitte Sept. tgl. 9–14.25 und 18–24 Uhr, Nov.–Ostern geschl. | Piazzale della Linguella | Eintritt 3 Euro, Sammelticket mit Fortezze Medicee und Teatro dei Vigilanti 5,50 Euro*

Galerie ab – mit der Skulptur „Napoleon auf dem Pferd" und einer Kopie von Jacques Louis Davids bekanntem Gemälde „Napoleon beim Überqueren der Alpen am St. Bernhard". Es folgen das *Gabinetto dell'Imperatore* (Salon des Kaisers) und sein Schlafzimmer.

Auch sehenswert: der große Saal im ersten Stock, in dem Napoleons

Zur Palazzina Napoleonica gehört hoch über der Felsküste ein kleiner Garten mit Skulpturen

PALAZZINA NAPOLEONICA ⭐ [U E2]

Die geeignete Residenz für seine Verbannungszeit hatte Napoleon Bonaparte schon vom Schiff aus erwählt. Gleich nach seiner Ankunft ließ er das 1724 als Gerichtssitz erbaute und dann zur Mühle umfunktionierte Gebäude zu seinem Stadtpalast umbauen. Von der eher bescheidenen Eingangshalle des auch als *Villa dei Mulini* (Mühlenvilla) bekannten Baus geht nach rechts die Schwester Paolina Borghese festliche Empfänge gab. Im Ballsaal wurde das Paradebett der Mutter Napoleons, das *letto di rappresentazione*, aufgestellt. Ein solches Bett war zu jener Zeit üblich, um hochgestellte Persönlichkeiten an Festlichkeiten teilnehmen zu lassen, selbst wenn sie bettlägerig waren. Im Nebenraum steht das im Vergleich umso bescheidener wirkende Klappbett, das der Kaiser auf seinen Feldzügen benutzte. *April–Okt. Mi–Mo 9–19, So bis 13 Uhr, Mitte Juni–Mitte Sept. tgl. 9–19, Okt.–März Mi–Mo 9–16, So bis 13 Uhr | Piazzale Napoleone 1 | Eintritt 3 Euro (bei Sonderausstellungen 6 Euro), unter 18 und über 65 Jahren für EU-Mitglieder frei, Sammelkarte 5 Euro (bzw. 11 Euro) mit drei Tagen Gültigkeit für Palazzina*

Paradebett: eines der wenigen Originalmöbel Napoleons in der Palazzina Napoleonica

Napoleonica und Villa Napoleonica in San Martino

PIAZZA CAVOUR [U E3]

Gleich hinter dem Stadttor Porta a Mare liegt der lang gestreckte, quirlige Hauptplatz der Altstadt. Hier finden Sie zahlreiche Bars, Restaurants und Zeitungskioske, die auch internationale Presse führen. Außerdem sind hier die wichtigsten Banken mit Geldautomaten.

PINACOTECA FORESIANA [U E2]

Im ehemaligen Franziskanerkonvent ist die einzige Galerie Elbas untergebracht mit einer bedeutenden Sammlung von Gemälden, Drucken, Zeichnungen und Skulpturen vornehmlich italienischer Künstler des 16.–19. Jhs. sowie Möbel verschiedener Epochen – ein Vermächtnis der Familie Foresi. *Mi und Do 9–12 Uhr | Salita Napoleone | Eintritt 3 Euro*

PORTA A MARE [U E4]

Ursprünglich gab es nur diesen einen Eingang zur Altstadt und zu den Festungen hinauf, was die Sicherheit der Bevölkerung von Portoferraio vor Piratenüberfällen sehr erhöhte. Zur Erleichterung des Zuliefer- und Anwohnerverkehrs hat man jedoch einen weiteren Zugang in die Stadtmauer gebrochen. Er befindet sich zwischen *Calata Buccari* und *Via Porta Nuova*.

TEATRO DEI VIGILANTI [U D3]

Das 1616 als Karmeliterkirche *Chiesa del Carmine* geweihte Gebäude wurde jüngst restauriert. Napoleon ließ es für seine kulturell interessierte Schwester zu einem Theater umbauen – finanziert von reichen Kaufleuten, die sich Ehrenlogen mit Blickkontakt zur Kaiserloge erkaufen konnten. Wer eine Loge bekam, strahlte vor Glück. Deshalb nannte man das Haus zunächst *Teatro dei Fortunati* (Theater der Glücklichen). ==Eine Besichtigung des Theaters auch außerhalb der Spielzeiten lohnt sich== *Inside Tip* allein, um den originalen Vorhang

> www.marcopolo.de/elba

PORTOFERRAIO

aus Napoleons Zeit und die Holzdecke zu sehen! *Ostern–Okt. Mo–Sa 9–13 Uhr | Piazza A. Gramsci | Eintritt 3 Euro, Sammelticket mit Fortezze Medicee und Museo Civico Archeologico 5,50 Euro*

TORRE DELLA LINGUELLA/ VILLA ROMANA [U D5]

Cosimo I. de'Medici ließ bei der Erbauung seiner neuen Festungsanlage den achteckigen Torre della Linguella 1548 als zusätzlichen Schutz für die Altstadt errichten. 1757 baute ihn Franz I. von Lothringen zum Gefängnis aus. Im Volksmund wird er wegen seines ziemlich klobigen Äußeren meist *Torre del Martello* genannt: Hammerturm. Der Bau wurde im Zweiten Weltkrieg stark beschädigt. Während der Restaurierungsarbeiten fand man Fundamentreste einer *römischen Villa*. Besonders die Fußböden aus Terracotta, Marmorplatten und Mosaiken sind sehenswert. *Piazzale della Linguella*

ESSEN & TRINKEN

LA BARCA ⭐ [U D3]

Fischgerichte und hausgemachte Pasta bietet die sympathische Trattoria. Sie liegt in einer malerischen Treppengasse mit Pergola am Aufgang zur Feste nahe dem alten Darsena-Hafen. *Juli/Aug. mittags sowie So und Feb. geschl. | Via Guerrazzi 60–62 | Tel. 05 65 91 80 36 | €€€*

IL BARETTO ▶▶ [U D4]

Klein, aber fein: In dieser trendigen Bar lässt es sich schön draußen sitzen, dem ständigen *struscio* (Flanieren) der Elbaner zusehen, einen guten Cocktail trinken und das Hafenleben genießen. *Tgl. 8 Uhr bis spät in die Nacht, Nov.–Feb. geschl. | Calata Mazzini 21 A | €*

CAFFESCONDIDO [U D3] Insider Tipp

In dieser vor drei Jahren eröffneten „En-Osteria" – ein Mix aus Enoteca und Osteria – ändert sich täglich das Menü, je nach Saison und Angebot

> BLOGS & PODCASTS
Gute Tagebücher und Files im Internet

- > *learnitalianpod.com* – Warum nicht im Internet italienisch lernen?
- > *www.mister-wong.de/tags/elba* – Reiseberichte, Bilder, Ferienwohnungen und Infos
- > *www.technorati.com/search/ insel+elba* – Surfen Sie zwischen Videos, Urlaubsberichten und Kuriositäten der Insel!
- > *www.meinesammlung.com/fo rum/forumdisplay-f_42.html* – Im Mineralienforum können Sie sich bei Sammlern und Experten Infos über Ihre Funde einholen.
- > *www.gustoblog.de* – gute Auswahl an leckeren Rezepten der mediterranen Küche!
- > *www.youtube.com* – Geben Sie „Insel Elba" ein – auf den vielen Videos sieht man sogar zwei Wale, die im Sommer 2008 im Hafenbecken von Portoferraio auftauchten!

Für den Inhalt der Blogs & Podcasts übernimmt die MARCO POLO Redaktion keine Verantwortung.

auf dem Markt. Im Sommer kann man gut auf der kleinen ☼ Terrasse draußen sitzen, mit Blick über die Bucht von Portoferraio. Vorbestellen! *So geschl., Juni–Mitte Sept. So nur abends | Via del Carmine 65 | Mobiltel. 34 03 40 08 81* | €–€€

>LOW BUDGET

> Je näher am Fährhafen, desto teurer die Lokale. Nur ein paar Schritte vom Hafen können Sie jedoch auch in kleinen, unscheinbaren Trattorien gut essen.

> Die günstige Pizza in ▶▶ *La Cisterna* wird von vielen hoch gelobt! *Via delle Conserve 6 | Tel. 05 65 91 86 61*

> Wenn man den Strandlärm in Kauf nimmt, wohnt man im kleinen und nicht teuren Hotel *Le Ghiaie* bei Portoferraio bestens. *11 Zi. | Ende April bis Sept. | Ortsteil Le Ghiaie, Via de Gasperi | Tel. und Fax 05 65 91 51 78*

> Im *Pane e Pomodoro* bekommen Sie schon für 8 Euro ein schmackhaftes Tellergericht. *So und Ostern–Sept. geschl. | Via Cavalieri Vittorio Veneto 5 | Mobiltel. 34 75 46 08 76*

> *Ape Elbana* ist das älteste und günstigste Hotel der Insel: sehr einfach, aber mit der besten Aussicht auf die Piazza. *24 Zi. | Salita Cosimo de Medici 2 | Tel. 05 65 91 42 45 | Fax 05 65 94 59 85 | www.ape-elbana.it*

> Für Liegestuhl, Sonnenschirm und Umkleidekabine werden im Sommer bei jedem *bagno* direkt am Strand bis zu 30 Euro/Tag verlangt! Kostenlos ist die frei zugängliche *spiaggia libera* nebenan – mit eigenem Sonnenschirm und Handtuch.

IL CASTAGNACCIO [U E3]

Im Lokal mit Tischen draußen gibt es täglich außer ofenfrischer Pizza auch die toskanische *torta di ceci* (salziger Kichererbsenkuchen) und den köstlichen *castagnaccio* (Kuchen aus Kastanienmehl). *Mi geschl., 10.30–14.30 und 18–24 Uhr | Via del Mercato Vecchio | Tel. 05 65 91 58 45* | €

DA LIDO [U D3]

Ausgezeichnetes und gemütliches Fischrestaurant. Zu empfehlen: Vorspeisenteller mit phantasievollen kalten und warmen Fischgerichten *(antipasto misto)* und der im Ofen gebackene Fisch *(pesce al forno)*. Lassen Sie sich den Fisch gern vorher zeigen. *Juli–Sept. tgl., Okt.–Mitte Dez. und Mitte Feb.–Juni Mo sowie Mitte Dez.–Mitte Feb. ganz geschl. | Salita del Falcone 2 | Tel. 05 65 91 46 50* | €€

OSTERIA LIBERTARIA [U E4] Insi Tip

Noch ein Hauch des alten Hafens ist im winzigen Lokal zu spüren. Wenige Tische befinden sich drinnen, aber am schönsten sitzen Sie auf Bänken mit Blick auf die Darsena. Gutes, typisch elbanisches Essen. *April–Okt. tgl. | Calata Matteotti 12 | Tel. 05 65 91 49 78* | €

LE SIRENE ☼ [U B2]

Wer den schönen Strand *Le Ghiaie* nicht verlassen will, setzt sich am besten bei den Sirenen an den Tisch: Nur wenige Meter trennen einen hier vom Wasser. Vor allem Fischgerichte sind angesagt, fangfrisch, aber auch tiefgekühlt (dann sind sie wesentlich preiswerter!) bereitet man sie zu. *März–Okt. tgl. | Spiaggia delle Ghiaie | Tel. 05 65 91 43 64* | €–€€

PORTOFERRAIO

STELLA MARINA [U B4]
Ob Sie gepflegt und mit Blick auf den Hafen frischen Fisch speisen oder nur noch schnell vor dem Ablegen an der Bar eine Kleinigkeit essen wollen – im „Seestern" direkt gegenüber der Anlegestelle der Toremar-Fähren werden Sie sich wohl fühlen! *Juni–Sept. tgl., Okt.–Mai Mo und die letzten beiden November- sowie Februarwochen geschl. | Banchina Alto Fondale | Tel. 05 65 91 59 83 | €€*

EINKAUFEN

CERAMICHE VOLPI [111 E3]
Es lohnt sich bis in den 3 km südlich gelegenen Vorort San Giovanni zu fahren, um besondere Keramiksouvenirs zu erwerben. Bringen Sie auf jeden Fall etwas Zeit mit, denn es ist immer möglich, einem der Künstler über die Schulter zu sehen, während vor ihm auf der Töpferscheibe ein neues Objekt entsteht. *Ortsteil San Giovanni | www.ceramichevolpi.it*

FIORELLA [U E4]
Es ist das pure Vergnügen hier einzukaufen, aber nicht billig! Kaschmirpullover, Schals, Plaids, Schuhe, Koffer und Lederwaren aus eigener Herstellung sowie von Bric's und anderen bekannten Designern. *Calata Matteotti 2–10*

JEISALMER [U D3/U E3]
Sehr geschmackvolle Leinenkleider und andere Freizeitkleidung. *Calata Mazzini 6 und Piazza Cavour*

LANDRO [U E3]
Schöne Schuhe und Lederwaren führender italienischer Marken. *Piazza Cavour 35*

IL LIBRAIO [U D5]
Alles Wissens- und Lesenswerte – nicht nur über die Insel. Auch deutsche Bücher, Zeitschriften und Reiseliteratur. *Calata Mazzini 9*

Gute Elba-Küche, einfaches Ambiente und direkt am Hafen gelegen: Osteria Liberaria

MARINA SALA CASHMERE [U E3]
Feinstes Kaschmir von Ziegen aus der Mongolei, Tibet und China: Pullover und Röcke sowie Tücher und Decken in natürlichen Farbnuancen. Die Preise rechtfertigen sich, wenn man bedenkt, dass jede Ziege ca. 200 g Wolle gibt und davon nur die Hälfte verarbeitet werden kann! *Calata Mazzini und Piazza Cavour*

NAUTICA SPORT [U B3/U B4]
In diesem riesigen Laden finden Sie alles, was ein Sportler braucht: von

eleganten Klamotten und modischen Kleidern bis hin zu professionellem Outfit und dessen Zubehör. *Calata Italia 3 und Via Carducci 238*

OASI [U B3]
Designerkleidung von Armani bis Moschino. *Via Carducci 38*

sich von hier in Richtung Portoferraio bis zum nächstgelegenen Strand *Le Ghiaie* ein untermeerisches Naturreservat, das Sie schnorchelnd entdecken können. Wegen der Einzigartigkeit der Unterwasserwelt darf man an diesem Küstenabschnitt nicht Fischen. Woanders ist die Jagd auf

Spiaggia di Capo Bianco: Felsen, ein schöner Kiesstrand und eine einzigartige Unterwasserflora

OREFICERIA DADDI [U E3]
Das besondere Andenken? Das ist ein in Erika-Wurzelholz gefasster Chronometer. *Piazza Cavour 31*

STRÄNDE

SPIAGGIA DI CAPO BIANCO/ [111 D1]
SPIAGGIA LE GHIAIE [U A-B2]
Der schöne Kiesstrand *Capo Bianco* liegt nicht einmal 2 km westlich von Portoferraio hinter der Landzunge Capo Bianco. Unter Wasser erstreckt

Fische überall erlaubt, allerdings nur ohne Tauchflaschen und mit der Vorgabe, dass Sie maximal 5 kg Fisch und Schaltiere pro Person aus dem Meer holen. Den schönen Kiesstrand *Le Ghiaie* erreichen Sie auch in wenigen Minuten zu Fuß vom Hafen.

SPIAGGIA LE VISTE [U D-E2]
Eine Serpentine führt vom Piazzale Napoleone hinab zur kleinen Kieselbucht mit Restaurant und Bar.

> **www.marcopolo.de/elba**

PORTOFERRAIO

AM ABEND

Das Nachtleben verteilt sich über die ganze Insel. An vielen Stränden gibt es Diskotheken, die von den großen Hotels oder von einzelnen Pizzeriabesitzern betrieben werden. An den abendlichen Treffpunkten in Portoferraio treffen sich vor allem einheimische junge Leute und weniger Touristen. Eingeläutet wird die Nacht gern bei einem Drink in einem der Cafés an der *Piazza della Repubblica*.

L'ANGOLO BAR ▶▶ [U E3]

Hier fühlt man sich im Nu wie in einer Großstadt: coole Atmosphäre, kleine Snacks und eine gute Weinauswahl zu angenehmer Musik! *Tgl. bis spät in die Nacht | Piazza della Repubblica 1, direkt an der Ecke*

CAFFÈ ROMA [U E3]

Die beliebte Pasticceria, bekannt für ihr hausgemachtes Eis, verwandelt sich Mitte Juni bis Ende September in eine Pianobar. Dann gibt es zwei- bis dreimal wöchentlich Livemusik. *21–14 Uhr, im Winter Mo geschl. | Calata Mazzini (Piazza Cavour)*

INFERNO PUB [111 D2]

Auch für die nicht mehr ganz Jungen ein Lokal, um den Abend zu verbringen. Trattoria und Weinstube mit Musik (ab 23 Uhr) im Inneren, draußen sitzen Sie in einem schattigen Garten. *Tgl. ab 20 Uhr bis in den frühen Morgen | Ortsteil Le Foci, etwa 4 km von Portoferraio Zentrum in Richtung Procchio links*

ÜBERNACHTEN

AIRONE [111 E2]

Modernes, ruhig gelegenes Hotel mit Privatstrand, Meerwasserpools, Tennisplätzen und kleinem Spa-Zentrum. Reichhaltiges Frühstücksbüffet im Preis inbegriffen! *85 Zi. | Mitte März–Okt. | 3 km südlich von Portoferraio, Ortsteil San Giovanni | Tel. 05 65 92 91 11 | Fax 05 65 91 74 84 | www.hotelairone.info | €€€*

ACQUAMARINA ❄ [U A2]

Gut zu Fuß vom Stadtzentrum von Portoferraio zu erreichen, bietet das exponiert gelegene Hotel über dem Meer moderne Zimmer, Privatstrand und einen überdachten Parkplatz. *38 Zi. | Ostern–Sept. | Ortsteil Padulella*

▶ LEUCHTTÜRME
Wegweiser durch nächtliche Meere

Seit 280 v. Chr. der erste Leuchtturm vor Alexandria an der ägyptischen Küste errichtet wurde, ist die Menschheit von Leuchtfeuern fasziniert. Einst wurden die Leuchttürme mit Holzfeuer unterhalten, heute werden moderne Energie und Technik eingesetzt. In steter Regelmäßigkeit strahlen sie bis zu 15 Seemeilen weit. Vier Leuchttürme gibt es noch auf Elba, die Sie aus Sicherheitsgründen leider nur von außen besichtigen können: im Forte Stella in Portoferraio, in der Feste Focardo in Porto Azzurro und auf der Punta Polveraia bei Pratesi. Der Turm, der vom kleinen Inselchen Scoglietto die Einfahrt nach Portoferraio sichert, ist vom Festland aus nicht zu erreichen.

| *Tel. und Fax 05 65 91 40 57* | *www. hotelacquamarina.it* | €€

MASSIMO [U B4]
Am Hafen gelegen. Mit Klimaanlage und Garage. 67 Zi. | Jan/Feb. geschl. | *Calata Italia 23* | *Tel. 05 65 91 47 66* | *Fax 05 65 93 01 17* | *www.elbahotelmassimo.it* | €–€€

SANTO STEFANO [111 E2]
Um das Haupthaus herum liegen mehrere kleine Gebäude, in denen die äußerst charmant eingerichteten Zimmer untergebracht sind. 6 km von Portoferraio und 1,5 km vom Meer entfernt, kann man sich hier perfekt erholen! 15 Zi. | *Ortsteil San Giovanni* | *Tel. 05 65 93 31 61* | *Fax 05 65 93 33 83* | *www.hotelsantostefano.eu* | €€

VILLA PADULELLA [111 D1]
Bescheidenes, aber sehr gepflegtes Haus 100 m vom gleichnamigen schönen Strand. 25 Zi. | *1 km westlich von Portoferraio, Ortsteil Padulella, Viale Einaudi 1* | *Tel. 05 65 91 47 42* | *Fax 05 65 91 65 10* | *www.hotelvillapadulella.it* | €€

■ AUSKUNFT
AZIENDA PER IL TURISMO DEL L'ARCIPELAGO TOSCANO (APT) [U A4]
Calata Italia 43 | *ganzjährig* | *Tel. 05 65 91 46 71* | *Fax 05 65 91 46 72* | *www.aptelba.it*

■ ZIELE IN DER UMGEBUNG
SAN MARTINO [110 C3]
Das rund 6 km südwestlich von Portoferraio auf dem Weg nach Procchio gelegene Tal ist vor allem wegen der ★ *Villa Napoleonica*, auch *Villa San Martino* genannt, einen Besuch wert. Die lange Allee, das schöne, schmiedeeiserne Gitter und vor allem die neoklassizistische Fassade mit der Säulenhalle wurden erst 32 Jahre nach Napoleons Tod von einem seiner glühendsten Verehrer, dem Fürsten Anatolio Demidoff, hinzugefügt.

In der ursprünglichen, eher bescheidenen Villa dahinter können Sie unter anderem den originellen Ägyptischen Saal, den Schlafraum des Kaisers, den Speisesaal und sein Arbeitszimmer besichtigen *(April–Okt. Di–Sa 9–19, So 9–13, Mitte Juni bis Mitte Sept. tgl. 9–19, Okt.–März Di–Sa 9–16, So 9–13 Uhr | Eintritt 3 Euro (Sonderausstellungen 6 Euro), unter 18 und über 65 Jahre für EU-Mitglieder frei, Sammelkarte 5 Euro (bzw. 11 Euro) mit drei Tagen Gültigkeit für Villa Napoleonica und Palazzina Napoleonica in Portoferraio).*

Die nahe gelegene, erst kürzlich zum 🔊 *Parkhotel Napoleone* umstrukturierte Villa des 19. Jhs. lädt zu einem ruhigen und exklusiven Aufenthalt ein: angenehme Zimmer, vorzügliches Restaurant, Pool, imponierender Park sowie Shuttle zum Privatstrand in der Bucht von Biodola *(65 Zi. | April–Nov. | Tel. 05 65 91 11 11 | Fax 05 65 91 78 36 | www.parkhotelnapoleone.com | €€–€€€).*

Kurz bevor Sie wieder auf die Straße zwischen Procchio und Portoferraio stoßen, kommen Sie an eine Abzweigung mit dem Schild *Valle delle Ceramiche*. In diesem „Tal der Keramiken" finden Sie auf einer Fläche von fast 10 000 m^2 unter freiem Himmel Skulpturen und Objekte sowie vielfarbige Keramikgefäße. Der *Giardino dell'Arte* wurde 1964 vom

PORTOFERRAIO

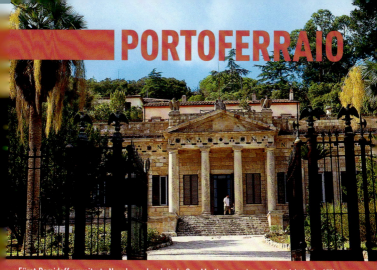

Fürst Demidoff erweiterte Napoleons Landsitz in San Martino um eine neoklassizistische Villa

elbanischen Künstler Italo Bolano angelegt; es werden hier auch Kunstseminare und Kunstkurse veranstaltet *(Juni–Sept. Mo–Sa 10–13 und 16–19.30 Uhr | Mobiltel. 34 76 43 46 10 | Eintritt frei | www.italobolano.com).*

TERME DI SAN GIOVANNI ★ [111 E2]
Am südlichen Stadtrand von Portoferraio in Richtung Porto Azzurro befinden sich in 5 km Entfernung die einzigen Thermalquellen von Elba. Mit Eisen und Schwefel angereicherter Lagunenschlamm wird in Salzwasserwannen abgelagert und zu Heilzwecken benutzt. Es gibt Kuren und Bäder gegen Arthrose, Akne, Schuppenflechte und Zellulitis, Inhalationen bei Bronchitis, Nebenhöhlenentzündungen und Nasenentzündungen, aber auch ein gutes Wellness- und Fitnessangebot *(Mitte April bis Okt. Mo–Fr 8–12.30 und 16 bis 19, Sa 8–12.30 Uhr | Tel. 05 65 91 46 80 | Fax 05 65 91 87 91 | www.termelbane.com).* Die Thermen haben eine interessante Vorgeschichte: Bevor hier Menschen Linderung erfuhren, kamen die Bauern mit lahmen Maultieren, ließen sie im Heilschlamm stehen – und nahmen sie gesund wieder mit.

VILLA ROMANA DELLE GROTTE ★ [111 E2]
Dieses Ausflugsziel liegt gleich hinter der Stadtgrenze von Portoferraio. Hinter dem klangvollen Namen verbergen sich die von Wildkräutern überwachsenen Reste eines römischen Landhauses aus dem 1. Jh. v. Chr., das dem Präfekten Publius Acilius Attianus zugeschrieben wird. Die in den 1960er-Jahren ausgegrabenen Funde kann man heute im *Museo Civico Archeologico* besichtigen. Vom ❈ Hügel haben Sie eine schöne Aussicht auf die gesamte Bucht von Portoferraio und – wenn Sie Glück haben – auf das entfernte Festland mit der alten Etruskersiedlung *Populonia. 2 km hinter den Thermen von San Giovanni auf der linken Seite | Ostern–Sept. 9–18.30 Uhr | Eintritt frei*

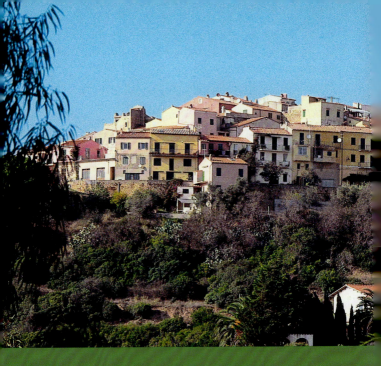

> VOM SCHÜRFEN UND VOM SURFEN

Der östliche Teil Elbas mit seinen Bergen und Buchten zieht Sommerfrischler und Mineraliensucher gleichermaßen an

> Aus der eher flachen, schmalen Mitte Elbas steigt die Insel zum Osten hin schnell wieder an – im Norden zur Cima del Monte auf 516 m Höhe und im Süden zum Monte Calamita auf 413 m.

Noch immer gibt es hier Eisenerzlager, die abgebaut werden. In den vielen aufgelassenen Bergwerken, in kleinen Tälern und an Felsabbrüchen lassen sich tatsächlich noch kleine Mineralienschätze finden. Die wichtigsten Lagerstätten befinden sich am Monte Calamita, bei Ginevro, Ortano, Rio Albano, Rio Marina, Sassi Neri und Terranera. Man findet Hämatit- und Pyritkristalle, die sogar ziemlich groß sein können. Es gibt aber auch die Mineralien Baryt, Chrysokoll, Cuprit, Hedenbergit, Kupferkies, Quarz und Ilvait – letzteres benannt nach dem lateinischen Namen für Elba. Hier im Osten Elbas treffen sie sich, die Schürfer und die Surfer – jene, die glitzernes Gestein

Bild: Bergdorf Capoliveri

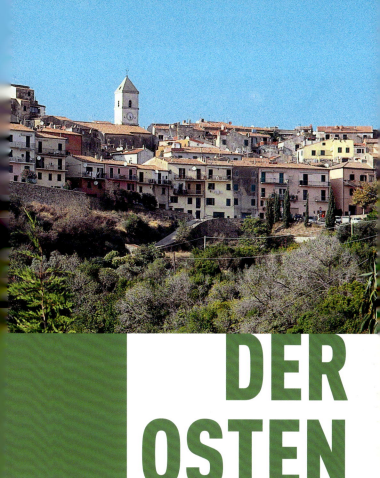

DER OSTEN

suchen, und jene, die lieber auf dem Surfbrett glänzen.

CAPOLIVERI

[114–115 C–D4] ★ **Das mitten in besonders schöner Landschaft auf der Halbinsel Calamita gelegene Bergarbeiter- und Weinbauernstädtchen (3200 Ew.) hat Atmosphäre.** Die Altstadt sollten Sie zu Fuß erobern, denn in viele Gassen kommen Sie mit dem Auto nicht hinein. Capoliveri geht auf die römische Siedlung *Caput Liberum* (Freies Haupt) zurück. Sie hieß so, weil Gesetzesbrecher, die den Hügel erklimmen konnten, ohne gefangen zu werden, innerhalb der Stadtmauern ein freies Leben führen konnten. Von Capoliveri aus können Sie auch gut den *Monte Calamita* erreichen sowie die hübsche Badebucht an der Südwestküste der Halbinsel *Cala dell'Innamorata,* die „Bucht der Liebenden".

CAPOLIVERI

ESSEN & TRINKEN

Generell ist in allen Restaurants des Orts der lokale, auf besonders mineralienreichem Boden gewachsene Capoliveri-Wein zu empfehlen.

IL CHIASSO
Abends können Sie drinnen oder auch im Freien sitzen und sich die Spezialitäten der Insel munden lassen – aufs Allerbeste zubereitet, aber teuer! *Di und Mitte Okt.–Ostern geschl. | Vicolo Sauro 13 | Tel. 05 65 96 87 09 | €€€*

Glas Wein genießen können. *Juni bis Sept tgl., sonst Mi sowie Nov. und März geschl. | Via Roma 14 | Tel. 05 65 96 83 06 | €€*

AM ABEND
Genießen Sie das ★ Nightlife in Capoliveri: Nirgendwo sonst auf der Insel ist am Abend so viel los! Am besten beginnen Sie mit einem günstigen Aperitif zwischen 18 und 21 Uhr im Pub *Le Piccole Ore (9–2 Uhr | Via Pietro Gori 22 | www.lepiccoleore.com)*. Dann haben Sie die

Wohin am Abend? Viele Elbaner zieht es in das rege Nachtleben von Capoliveri

CONTE DOMINGO
Am schönen Strand der *Innamorata*, beste Inselküche. *Juni–Mitte Sept. tgl. | Via Mazzini 1 | Tel. 05 65 93 91 04 | €€*

LA TAVERNA DEI POETI
Jeden Tag kommt ein anderer Fisch auf die Karte, den Sie hier ausgezeichnet zubereitet mit einem guten

Wahl: Blues und Wein gibt's bei *Fandango (18–4 Uhr)* direkt unterhalb der Piazza, in der *Birreria (Via Cavour 20)* fließt das Bier vom Fass. Auf der Straße nach Morcone finden im Sommer in der äußerst beliebten ▶▶ *Disko Sugar Reef* auch gute Livekonzerte statt *(ab 23 Uhr | Ortsteil La Trappola | www.sugarreef.com)*.

> **www.marcopolo.de/elba**

DER OSTEN

ÜBERNACHTEN

DA PILADE
Das familiär geführte Hotel bietet ein gutes Frühstücksbüffet, vorzügliche Fischküche und im Sommer Halbpension. Es verfügt auch über zwischen Olivenbäumen gelegene Apartments und ein Schwimmbad. *25 Zi. | Ostern–Anfang Nov. | Ortsteil Mola | Tel. 05 65 96 86 35 | Fax 05 65 96 89 26 | www.hoteldapilade.it | €€*

GRAND HOTEL ELBA INTERNATIONAL
Der Komplex dominiert die Bucht von Porto Azzurro – mit traumhafter Aussicht, 200 m über dem Meer und mit eigenem Privatstrand. *131 Zi. | Mitte April–Mitte Okt. | Ortsteil Baia della Fontanella | Tel. 05 65 94 61 11 | Fax 05 65 94 66 62 | www.elbainternational.it | €€€*

RESIDENCE CALA DEI PEDUCELLI
Insider Tipp

Am Fuße des Dorfes, ca. 1 km von der Abzweigung „Madonna delle Grazie" entfernt, befinden sich zehn modern eingerichtete Zwei- und Dreizimmerapartments, umschlossen von einem kleinen exotischen Garten. Eine wahre Entspannungsoase mit Schwimmbad und Blick auf das 300 m unterhalb gelegene Meer (Privatstrand). *Ostern–Okt. | Ortsteil Punta Morcone | Tel. 05 65 96 70 17 | Fax 05 65 96 85 92 | www.caladeipeducelli.it | €–€€*

ZIELE IN DER UMGEBUNG

COSTA DEI GABBIANI [115 E–F5]
Insider Tipp

Die gut 10 km entfernte, am südöstlichen Ende der Halbinsel Calamita gelegene Küste ist Naturschutz- und Erholungsgebiet zugleich. Über die unzugänglichen Felsen klettern wieder angesiedelte Wildziegen, durch die Macchia toben Wildschweine, und an der Steilküste brüten Tausende von Silbermöwen, was der „Möwenküste" ihren Namen gab. Über ausgeschilderte Pfade lässt sich die Natur dieses 40 km² großen Gebiets entdecken.

Der Agriturismo *Tenuta delle Ripalte* bietet Unterkünfte aller Kategorien. Im schönen Ferienkomplex hoch über den Klippen werden zahlreiche Sportmöglichkeiten wie Tennis, Segeln, Surfen, Reiten, Mountainbiking und Golf (6-Loch-Platz)

MARCO POLO HIGHLIGHTS

★ **Capoliveri**
Entdecken Sie die verwinkelten Gassen zu Fuß (Seite 45)

★ **Nightlife in Capoliveri**
In Capoliveri sind die Nächte lang... (Seite 46)

★ **Naregno/Forte Focardo**
Eine Festung, ein Strand und ein herrlicher Blick auf Porto Azzurro (Seite 49)

★ **Capo della Stella**
Wandern Sie durch die wunderschöne Landschaft des Kaps (Seite 50)

★ **Rio Marina**
Auf der Suche nach wertvollen und seltenen Mineralien (Seite 54)

★ **Volterraio**
Trutzige Wacht über Stadt und Hafen von Portoferraio (Seite 57)

CAPOLIVERI

geboten. Shuttletransfer zum 3,5 km entfernten Strand *(Mitte April–Anfang Okt.)* | *Ortsteil Ripalte* | *Tel. 05 65 94 24 20* | *Fax 05 65 93 52 33* | *www.costadeigabbiani.it* | €€*)*.

MADONNA DELLE GRAZIE [114 C3]

Die 3 km von Capoliveri entfernte Wallfahrtskirche erreichen Sie, wenn Sie den Ort in Richtung Morcone umfahren. Das inmitten von Wein-

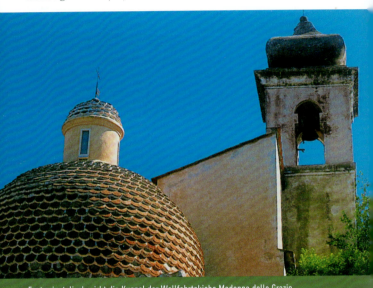

Fast orientalisch wirkt die Kuppel der Wallfahrtskiche Madonna delle Grazie

GOLFO STELLA [114 A–B 3–4]

Die Stella-Bucht verfügt mit der *Spiaggia del Lido di Capoliveri* über den Hausstrand des Orts. Das ruhig gelegene Hotel *Antares* bietet erstklassigen Übernachtunskomfort *(49 Zi.* | *Mitte April–Sept.* | *Tel. 05 65 94 01 31* | *Fax 05 65 94 00 84* | *www.elbahotelantares.it* | €€*)*. Darüber hinaus finden Sie in dieser Bucht auch den großen, recht empfehlenswerten Campingplatz *Le Calanchiole (Ostern–Okt.* | *Tel. 05 65 93 34 88* | *Fax 05 65 94 00 01* | *www.lecalanchiole.it* | €*)*.

bergen gelegene Gotteshaus ist leider meist verschlossen, und so bleibt das eindruckvolle Madonnenbild über dem Altar, das Experten einem unbekannten Schüler Michelangelos zuschreiben, den meisten Besuchern leider verborgen.

MONTE CALAMITA [115 D5]

Der ca. 4 km von Capoliveri entfernte, 413 m hohe Hügel ist für seine reichhaltigen Vorkommen an Magnetit bekannt. Es heißt, dass es in früheren Zeiten sogar eine anziehende Wirkung auf die Kompassna-

> *www.marcopolo.de/elba*

DER OSTEN

deln der die Halbinsel umfahrenden Schiffe gehabt habe, sodass sie vom Kurs abkamen.

NAREGNO/
FORTE FOCARDO ★ ☼ [115 E3]
3 km östlich von Capoliveri liegt die idyllische Bucht von *Naregno* mit einem flach ins Meer abfallenden Sandstrand. Zu einem hübschen Hotel umgebaut wurde die *Villa Rodriguez* aus dem 19. Jh. *(30 Zi. | Mitte April–Mitte Okt. | Tel. 05 65 96 84 23 | Fax 05 65 93 50 24 | www.villarodriguez.it | €€).* Das angeschlossene *Makosub Diving Center (Massimo Gennai | Mobiltel. 34 77 77 47 96 | www.makosub.it)* öffnet Ihnen die Tür zur Unterwasserwelt, und beim *Centro Velico Naregno* können Sie Segel- und Surfkurse belegen oder auch Kajaks und motorbetriebene Schlauchboote mieten *(Tel. 05 65 96 87 64 | www.centrovelicoparegno.it).*

Am südlichen Ende der Bucht steht die 1678 erbaute Festung *Forte Focardo*. Ein Besuch der Burg, in die heute die italienische Küstenwacht eingezogen ist, lohnt schon wegen des herrlichen Ausblicks auf die gegenüberliegende, äußerst fotogene Festung *San Giacomo di Longone* bei Porto Azzurro, die jedoch heute als Gefängnis dient und daher nicht zu besichtigen ist.

CAVO
[113 E2] Wie Mauerreste belegen, war Cavo schon zu Zeiten der Römer besiedelt und hat auch noch heute eine ganz eigene Atmosphäre. Nur rund 400 Einwohner, kaum Touristen sowie eine ungewöhnliche Stille verleihen dem kleinen Ferienort einen Hauch von Melancholie.

■ ESSEN & TRINKEN
DA SERGIO ▶▶
Sehr populäres Restaurant mit guten Fischgerichten und guter Pizza. Die angeschlossene Strandbar wird in den Abendstunden zum Treff für junge Leute. *Mi und Nov.–Ostern geschl. | Lungemare Michelangelo 25 | Tel. 05 65 94 97 92 | €€*

Insider Tipp

HEMINGWAY
In diesem Irish Pub kann man gemütlich mit einem kühlen Guinness auf der Terrasse sitzen und auf den Hafen blicken. Auch Restaurant. *Tgl. bis 4 Uhr nachts | Via Michelangelo 46/48 | Mobiltel. 32 92 31 57 38 | €*

■ ÜBERNACHTEN
GINEVRA
Das einfache Hotel hat ein nettes Restaurant und ist voll klimatisiert. *28 Zi. | April–Sept. | Via Alcide De Gasperi 63 | Tel. 05 65 94 98 45 | Fax 05 65 93 10 84 | www.albergoginevra.it | €*

MARISTELLA
Ein sehr familiär geführtes Haus. *24 Zi. | Mitte Juni–Mitte Sept. | Lungomare Kennedy 3 | Tel. 05 65 94 98 59 | Fax 05 65 93 11 09 | www.hotelmaristella.com | €€*

PIEROLLI
Ruhig gelegenes Hotel mit Garten, Parkplatz, gutem Restaurant und nur wenige Minuten vom Strand entfernt. *22 Zi. | April–Sept. | Tel. 05 65 93 11 88 | Fax 05 65 93 10 44 | www.hotelpierolli.it | €€*

LACONA

ZIEL IN DER UMGEBUNG

CAPO CASTELLO [113 E1]

Die nördlich aus Cavo führende Asphaltstraße durchquert einen Pinienwald und endet nach rund 1 km am Kap bei den Überresten einer römischen *Villa*. Von dort bietet sich ein guter Blick auf die vorgelagerte *Isola dei Topi* (Insel der Mäuse). Zwischen dem *Capo Castello* und dem *Capo Vita* liegt eine schöne Badebucht mit breitem Strand.

LACONA

[111 D5] Lacona ist kein gewachsener Ort, sondern ein Touristenzentrum. Der breite, fast 2 km lange Sandstrand lockt jährlich Campingurlauber zu Zehntausenden an. So wird leider häufig Elbatypisches von Eisbein mit Sauerkraut sowie Fish & Chips verdrängt.

ESSEN & TRINKEN

PIZZERIA ANGIÒ

Inmitten der Spiaggia Grande erhalten Sie unter einer hundertjährigen Schirmpinie zur Hauptsaison schon mittags eine **Holzofenpizza – knusprig und preiswert.** Im Restaurant vor allem Fisch und hausgemachte Nudeln. *März–Okt. | Ortsteil Lacona 1 | Tel. 05 65 96 44 12 | €*

Insider Tipp

TRE ARCHI

Besonders gut sind hier die Fischgerichte. *Ostern–Okt. | Via del Moletto 56 | Tel. 05 65 96 41 68 | €€*

ÜBERNACHTEN

CAMPING STELLA MARE

Der schöne, von Wienern geführte Campingplatz bietet Naturcamping auf einer ins Meer ragenden Landzunge. Die Zelte stehen schattig unter Bäumen. Mit direktem Zugang zu einem Sand- und einem Kieselstrand. *Mitte April–Mitte Okt. | Tel. und Fax 05 65 96 40 07 | www.stellamare.it*

CAPO DI STELLA

Das Hotel mit Pool und Parkplatz liegt auf einem kleinen Hügel zwischen dem Strand von Lacona und der Bucht Margidore im Golfo Stella. *35 Zi. | Mitte April–Sept. | Ortsteil Capo della Stella | Tel. 05 65 96 40 52 | Fax 05 65 96 42 20 | www.capodistella.com | €–€€*

RESIDENCE ITELBA

Insider Tipp

Am herrlichen Strand von Norsi liegen inmitten üppiger Vegetation 13 Apartments: einfach und ideal für Kinder. Außerdem haben Sie hier die Gelegenheit zum *Tandemfliegen* mit einem Gleitschirm. Deutschsprachig. *April–Okt. | Ortsteil Norsi | Tel. und Fax 05 65 94 00 96 | www.itelba.it | €*

ZIELE IN DER UMGEBUNG

CAPO DELLA STELLA ★ [111 D–E6]

Zwei Stunden brauchen Sie zu Fuß, um zum ca. 5 km entfernten östlichen Endpunkt der Lacona-Bucht zu gelangen, die Spitze der Halbinsel Stella. Am besten gehen Sie am Osthang der Halbinsel entlang, wo Sie immer wieder prächtige Ausblicke auf die Halbinsel *Calamita* haben.

MADONNA DELLA LACONA [111 D4]

Abwechslung von Sand und See finden Sie in der schlichten Kalkstein-Wallfahrtskirche aus dem 16. Jh. Die auch *Madonna della Neve* genannte Kirche liegt nur etwa 1 km von der Hauptstraße entfernt im Inselinneren.

> www.marcopolo.de/elba

DER OSTEN

PORTO AZZURRO

[115 D2–3] **Den Namen „Blauer Hafen" bekam der nach Portoferraio wichtigste Hafen Elbas erst nach dem Zweiten Weltkrieg. Vorher trug er der nahen Festung Forte San Giacomo di Longone wegen den Namen *Porto Longone*.** Weil aber die Festung das flächenmäßig größte Gefängnis Italiens ist und die Redewendung „einen Besuch in Porto Longone machen" italienweit die Bedeutung „in den Knast gehen" besitzt, tauften kluge Tourismusmanager den Ort kurzerhand um.

Obwohl das Städtchen (3400 Ew.) selbst keinen Strand hat, ist es ein außerordentlich beliebter Urlaubsort. Das liegt hauptsächlich an dem hübschen Stadtbild und der quirligen *Piazza Matteotti* direkt am Hafen. Von ihr gehen viele Gassen mit Geschäften, Bars und Restaurants ab. Von Juni bis Mitte September verbindet täglich ein „Strand-Shuttle" Porto Azzurro mit dem nahe gelegenen Strand Lido *(13–19.30 Uhr | Hin- und Rückfahrt 6 Euro | Info Tel. 05 65 92 09 61)*.

■ SEHENSWERTES

**LA PICCOLA MINIERA/
MUSEO MINERARIO ETRUSCO**
Die naturgetreue Nachbildung eines 250 m langen Streckenabschnitts aus einem elbanischen Bergwerk mit Bau- und Schürfstellen, Felsen und Grotten ist interessant, da alle ausgestellten Teile Originalobjekte sind. Ein kleiner Zug fährt die Besucher im Abstand von 30 Minuten etwa 15 Minuten lang durch die Ausstellung.

Breiter Strand mit feinem Sand – Lacona ist zur Saison ganz auf den Tourismus eingestellt

PORTO AZZURRO

Sie können auch bei der Bearbeitung von Mineralien zuschauen. Im angefügten Museum wird die Bedeutung der Etrusker für die Insel dargestellt. *März–Mai tgl. 9–13 und 15–18, Juni–Mitte Sept. 9–13 und 15–20 Uhr, Juli–Mitte Sept. auch 21–23 Uhr | Ortsteil Pianetto, Via Provinciale Est | Tel. 056 59 53 50 | Eintritt kompletter Rundgang 9 Euro, nur Mine 7 Euro, nur Museum 3 Euro | www.lapiccolaminiera.it).* Weniger interessant ist das angeschlossene *Museo Cites* über Flora und Fauna (Eintritt 2 Euro, zusammen mit Museo Etrusco 4,50 Euro).

>LOW BUDGET

> Im Herzen des Dörfchens Capoliveri kann man besonders preiswert im hübschen 🌐 *Golfo Azzurro* wohnen. *8 Zi. | Juni–Sept. | Via C. Appiani 5 | Tel. 05 65 96 81 67, Mobiltel. 38 99 72 64 53 | www.golfoazzurro.it*

> *Camping Canapai* ist ein naturbelassener und gepflegter Campingplatz mit Pool, oberhalb der bezaubernden Bucht von Ortano. *Ortsteil Ortano 14 | Tel. und Fax 05 65 93 91 65 | www.campingcanapai.it*

> In der *Rosticceria Da Ciccio* holt man sich das Essen selbst und setzt sich an einen der Tische in der schattigen Gasse: praktisch und preiswert! *April bis Mitte Sept. tgl. 8–22, sonst 9 bis 13.30 und 17–20 Uhr, Mitte Jan. bis Mitte Feb. geschl. | Via Cavallotti 12*

> Lassen Sie sich im *Corto Maltese* in Porto Azzurro von Serena eines ihrer köstlichen *primi* empfehlen. Günstig! *März–Juni und Sept.–Okt. Di geschl. | Via Cavour 15 | Tel. 056 59 52 27*

> Vegetarier kommen in der nicht überteuerten und idyllischen *Azienda Agricola La Vecchia Trebbia* nördlich von Lacona zu allem, was ihr Herz begehrt. *Mai–Sept. | Via dei Vigneti 61 (unbefestigte Straße!) | Mobiltel. 33 87 28 93 13*

■ ESSEN & TRINKEN

BELLA M'BRIANA
Genießen Sie neapolitanische Gerichte unter großen Schirmen auf der Terrasse zum Meer. *Im Winter Di und Nov./Dez. geschl. | Via Vitaliani 32 | Tel. 05 65 92 00 18 | €€*

LA BOTTE GAIA ▶▶
Bei der *bottegaia*, der „Kaufmannsfrau", können Sie nicht nur hausgemachte Nudeln und andere Spezialitäten der Insel essen, sondern auch gleich Wein, Käse, Schinken und Salami kaufen. *Mitte Juni–Mitte Sept. tgl., sonst Mo sowie Dez./Jan. geschl. | Viale Europa 5–7 | Tel. 056 59 56 07 | www.labottegaia.com | €€*

EL CURANDERO ▶▶
Besuchen Sie Luca in seinem hübschen mexikanischen Lokal mit Tischen auf der kleinen Altstadtpiazza. Es gibt Weine, Drinks, karibisch und fruchtig, und zum Aperitif von 18 bis 22 Uhr die leckersten Tapas – für 6 Euro! *März–Nov. tgl. 18 bis 2 Uhr | Via Ricasoli 24 | Tel. 056 59 55 88 | €*

CUTTY SARK
An der winzigen Piazza Mercato gibt es beste Fischgerichte unter einer Schatten spendenden Pergola. *In Nebensaison Di und Jan./Feb. geschl. | Tel. 05 65 95 78 21 | €€*

DER OSTEN

Porto Azzurro: reich an Straßencafés, Restaurants und kleinen Geschäften

DELFINO VERDE
Das Restaurant ragt wie ein Schiff über das Meer hinaus, welches die Zutaten für die meisten Gerichte liefert. Besonders empfehlenswert: in Folie gedämpfte Fische. *Ostern–Okt. und außer Juli/Aug. Mi geschl. | Via Vitaliani 1 | Tel. 056 59 51 97 | €€€*

DA FLORIANO
Der Familienbetrieb in der Altstadt lockt mittags und abends mit guter elbanischer Küche. *Mitte Juni–Mitte Sept. tgl., sonst Mi geschl. | Via Ricasoli 35 | Tel. 056 59 50 92 | €€€*

EINKAUFEN
GIANNINI
Hier gibt es Rohsteine, Schmuck und andere Gegenstände aus Mineralien und Halbedelsteinen. Hinter dem Laden können Sie auch die Werkstatt besichtigen. *Viale Italia 2 | www.gianniniminerali.it*

LABORATORIO DI CERAMICA
Insider Tipp
In einer etwas abgelegenen Gasse liegt die Werkstatt von Talò und Livia, die hier traditionelle toskanische Majolika und stilvolle Raku-Objekte kreieren. In der Nebensaison auch individuelle Keramikkurse. *Via Sant' Anna 57 | Tel. 0565 92 00 99 | www.bamboledellabottegascura.it*

NAUTIMARKET
Fehlt Ihnen was bei Ihrer Segelausrüstung? In diesem winzigen Laden gleich hinter der Piazza Matteotti finden Sie all das, was ein Seemann benötigt. *Vicolo Sant'Ander 8 | www.nautimarket.com*

IL SALUMIERE DI VIALE ITALIA
Großes Sortiment an Weinen, Grappa, feinstes Olivenöl, verschiedene Essigsorten sowie Salami, Schinken, Käse, Honig, Marmelade und vieles mehr – alles bester Qualität! *März–Okt. | Viale Italia 12 und Via Solferino 8*

AM ABEND
MORUMBI
Diskothek, Bar und gleichzeitig Restaurant mit brasilianischer Küche –

RIO MARINA

ideal, um einen Sommerabend etwas außerhalb zu verbringen! *Ostern bis Mitte Okt. | Ortsteil Mola (bei der Abzweigung nach Capoliveri)*

ÜBERNACHTEN

BELMARE
Zentral gelegenes Haus mit Restaurant und Blick auf den Hafen. *29 Zi. | ganzjährig | Banchina IV Novembre 21 | Tel. 056 59 50 12 | Fax 05 65 92 10 77 | www.elba-hotelbelmare.it | €*

DUE TORRI
Kleines, freundliches Familienhotel mit gutem Restaurant. *22 Zi. | April–Sept. | Via XXV Aprile 3 | Tel. 056 59 51 32 | Fax 05 65 95 77 97 | www.elbaresidence.net | €*

PLAZA
Alle Zimmer haben Meerblick in diesem Hotel kurz außerhalb des Orts. *28 Zi. | ganzjährig, Restaurant nur März–Nov. | Località Fanaletto | Tel. 056 59 50 10 | Fax 056 59 50 53 | www.hotelplaza-elba.com | €€€*

ZIELE IN DER UMGEBUNG

MADONNA DI MONSERRATO   [115 D2]
Die leider meist verschlossene Wallfahrtskirche aus dem 17. Jh., eine Miniaturausführung des berühmten spanischen Klosters, erreichen Sie, wenn Sie von der Straße nach Rio Marina nach etwa 1 km links die ausgeschilderte Abzweigung nehmen. *Vom Parkplatz noch etwa 15 Minuten zu Fuß*

SPIAGGIA DI BARBAROSSA   [115 E2–3]
An dem benachbarten rosafarbenen Kieselstrand, der so heißt, weil hier einmal der berüchtigte türkische Pirat gleichen Namens gelandet sein soll, gibt es direkt am Strand eine Tauchschule, in der Unterricht auch auf Deutsch erteilt wird *(OmniSub | Markus Schempp | Tel. und Fax 056 59 56 28, Mobiltel. 33 55 73 55 36 | www.omnisub.com).*

RIO MARINA
⭐ **[113 E4] Der ehemalige Erzverladehafen besitzt einen arg dahinwelkenden Charme. Die Häuser rund um die von Platanen gesäumte Hauptstraße beginnen dort, wo der Putz abbröckelt, zu rosten.** An anderen Stellen funkeln die im Stein enthaltenen Mineralien noch. Ein untrügliches Zeichen, dass Rio Marina (2100 Ew.) am Rand eines reichhaltigen Mineraliengebiets liegt. Neben Hobbymineralogen finden auch Badeurlauber, was sie suchen: Besonders schöne Strände, Buchten und kristallklares Wasser gibt es die Küste entlang nach Süden Richtung *Capo Ortano*. Von Rio Marina bietet *Toremar* täglich Schiffsverbindungen nach Piombino an.

SEHENSWERTES

PARCO MINERARIO ISOLA D'ELBA
Im *Palazzo del Burò* befindet sich ein sehr informatives Bergbaumuseum, in dem Sie sich das theoretische Wissen für die eigene Mineraliensuche aneignen können *(April bis Juni und Sept./Okt. 10 Uhr, Juli/Aug. 18 Uhr, Okt.–April nur für Gruppen und/oder mit Voranmeldung | Tel. 05 65 96 20 88 | Fax 05 65 92 56 98 | Eintritt 2,50 Euro).*

Außerdem erhalten Sie hier Tickets für Führungen, die durch eine aufgelassene *Tagbaustelle* 1 km

> *www.marcopolo.de/elba*

DER OSTEN

nördlich von Rio Marina in Richtung Cavo gemacht werden. Der von der Unesco zum Welterbe bestimmte *Mineralienpark* enthält über 150 verschiedene Arten von Gesteinen. Sie dürfen dort selbst nach Mineralien suchen und sollten deshalb entsprechendes Handwerkszeug mitbringen *(April–Juni und Sept./Okt. tgl. 9.30 bis 12.30 und 15.30–18.30, Juli/Aug. bis 19.30 Uhr | Palazzo del Burò | Via Magenta 26 | Eintritt Museum 2,50 Euro, Museum und Bergwerk 5 Euro | www.parcominelba.it).*

Eine ca. 4-stündige Trekkingtour führt auf den alten Wegen der Minenarbeiter durch mediterranen Buschwald zu mehreren Bergwerken. Sie können dabei nicht selten Tiere wie Wildschweine, Hasen und vielerlei Vögel beobachten *(nur mit Voranmeldung | Juni–Sept. jeden Fr 15 Uhr | Tel. 05 65 96 20 88 | 13,50 Euro).*

ESSEN & TRINKEN

LE FORNACELLE
Pizza und reelle Küche der Insel – bei ebensolchen Preisen – können Sie auf einer Terrasse zum Meer genießen. Besonders empfehlenswert: die typisch elbanische *sburrita di baccalà*, eine Stockfischdelikatesse. *Tgl. | Ortsteil Fornacelle | Tel. 05 65 93 11 05 | €–€€*

DA ORESTE/LA STREGA
Oreste und dessen Sohn Claudio bewirten hier vor allem Einheimische. Beliebt sind die Seezungen frisch vom Kutter im Hafen. *Juni–Sept. tgl., sonst Di sowie Mitte Jan.–Feb. geschl. | Piazza Vittorio Emanuele 6 | Tel. 05 65 96 22 11 | €€€*

ÜBERNACHTEN

MINI HOTEL EASY TIME
Eine herrliche Aussicht ins Landesinnere und zum 500 m entfernten Meer besitzen Sie von den Zimmern und

Gute Informationen über Mineralien gibt es im Parco Minerario von Rio Marina

der Terrasse des kleinen Hotels mit familiärer Atmosphäre. *10 Zi. | ganzjährig | Via Panoramica 8 | Tel. 05 65 96 25 31 | Fax 05 65 92 56 91 | www.minihotelelba.com | €€*

RIO
Mit Bar, Restaurant und Privatstrand in einem Palazzo aus dem 19. Jh. Im Übernachtungspreis ist das Frühstück inbegriffen. *35 Zi. | April–Okt.| Via Palestro 34 | Tel. 05 65 92 42 25*

RIO NELL'ELBA

| Fax 05 65 92 41 62 | www.hotelrio marina.it | €–€€

RIO NELL'ELBA

[113 D4] **Nur etwa 2 km landeinwärts kleben in 174 m Höhe die Häuser von Rio nell'Elba (900 Ew.). Historikern zufolge handelt es sich bei Rio um die älteste Ansiedlung auf der Insel. Pirateneinfälle durch die Jahrhunderte erklären den festungsartigen Charakter des Orts.** Noch immer ist Rio ein idealer Ausgangspunkt für die Erforschung des Nordteils der Insel. Sehenswert auf dem nahe gelegenen Monte Serra ist der botanische *Garten des Eremo di Santa Caterina,* in dem Heilkräuter und seltene endemische Pflanzen Elbas wachsen. Ein kurzer Spaziergang führt Sie vom Parkplatz zur Einsiedelei *(März–Okt. Di–So 13–19 Uhr | Eintritt 2 Euro | ww.ortoelbano.it).*

■ SEHENSWERTES
I MINERALI ELBANI DELLA GENTE DI RIO
Ausgestellt sind über 200 verschiedene Mineralien vom östlichen Teil der Insel und Monte Capanne. *April bis Sept. Di–So 10–13 und 16–19 Uhr | Passo della Pietà | Eintritt 3 Euro*

■ ESSEN & TRINKEN
DA CIPOLLA
Traditionsreiche Gerichte und hausgemachte Teigwaren sind Davide Carlettis Stolz. An der Piazza del Popolo. *Juni–Sept. tgl., sonst Mo geschl. | Tel. 05 65 94 30 68 | €€*

■ ZIELE IN DER UMGEBUNG
BAGNAIA [112 C4]
Ein kleines Fischerdorf samt Kieselstrand gut 10 km westlich von Rio nell'Elba, wo eine deutschsprachige Segelschule mit Apartments ihren Sitz hat (*Segelzentrum Elba | April–Mitte Okt. | Tel. 05 65 96 10 90 | Fax 05 65 96 11 84; Tel. Deutschland 02236/655 05 | Fax 685 16 | www.segelzentrum-elba.de*). Im nahen *Agriturismo Due Palme* liegen verstreut zwischen Oliven- und Fruchtbäumen fünf individuell eingerichtete Zwei- bis Fünfbettapartments und ein Tennisplatz *(ganzjährig | Ortsteil Schiopparello | Tel. und Fax 05 65 93 30 17 | www.agriturismoelba.it | €€–€€€).* In der im Grünen gelegenen Anlage *Sant'Anna del Volterraio* können Sie entweder in den 18 Zimmern des Hotels oder in den Mini-Apartments der Residence Ihren Urlaub verbringen. *(Tel. 05 65 96 12 19 | Fax 05 65 96 12 89 | www.ilvolterraio.it | €€).*

MAGAZZINI [112 C5]
Im 9 km entfernten Magazzini fand man Gräber aus dem 7. Jh. v. Chr., deren reiche Beigaben im Stadtmuseum von Portoferraio ausgestellt sind. 1 km landeinwärts liegt eine der wenigen erhaltenen romanischen Kirchen der Insel, *Santo Stefano.*

Im renommierten Weingut *La Chiusa* können Sie Elbas edle Tropfen probieren (und kaufen!) und sich von Ostern bis Oktober in eines der sechs gemütlichen Apartments einmieten *(Sommer tgl. 8–12.30 und 16–20, Winter Mo–Sa 8–12.30 Uhr | Tel. 05 65 93 30 46 | Fax 05 65 94 07 82 | www.tenutalachiusa.it | €).* [Inside Tip]

OTTONE [112 C5]
Der Ort ist durch das in einem Park gelegene exklusive *Hotel Villa Ottone* [Inside Tip]

> *www.marcopolo.de/elba*

DER OSTEN

mit eigenem Strand und Bootsanlegeplatz bekannt. Die mit Fresken verzierten Decken der Villa, die edle Einrichtung, und die zum Meer führenden Terrassen verleihen diesem Domizil eine ganz besondere Atmosphäre *(70 Zi. | Mitte April–Mitte Okt. | Tel. 05 65 93 30 42 | Fax 05 65 93 32 57 | www.villaottone.com | €€€).*

Exemplar Europas der blauen Palme (Encephalartos) zu sehen ist *(Mitte April–Sept. tgl. 8–20 Uhr | Eintritt 1,50 Euro).*

VOLTERRAIO [113 D5]

Die mächtige Festung aus dem 13. Jh. beschützte Bucht und Hafen von Portoferraio und wurde niemals

Palmengekrönt: La Chiusa in Magazzini ist das bekannteste Weingut Elbas

Vom grünen und schattigen Campingplatz *Rosselba Le Palme* mit Tennisplatz und Pools sind es 300 m zum Strand *(Mitte April–Sept. | Tel. 05 65 93 31 01 | Fax 05 65 93 30 41 | www.rosselbalepalme.it).*

Von hier erreichen Sie auch den *Giardino Botanico dell'Ottone*, einen rund 10 000 m² großer Palmengarten, in dem neben zahlreichen seltenen tropischen Pflanzen das einzige bezwungen. Etwa 5 km von Rio nell'Elba auf der Straße nach Magazzini stoßen Sie rechts auf einen kleinen Parkplatz (schlecht gekennzeichnet!). Ein steiler Fußweg führt in einer guten halben Stunde zu den grandiosen Überresten der Festung mit herrlicher Aussicht. Achtung: Festes Schuhwerk ist zu empfehlen, und kleine Kinder sollte man lieber nicht mitnehmen.

> VOM BERG UND SEINEN TÄLERN

Der Monte Capanne wacht über den westlichen Teil Elbas, in dem es die meisten und schönsten Strände gibt

> Der Westen Elbas ist die reizvollste Region der Insel. Hier gibt es Berge, schattige Wälder und schöne Buchten. 1018 m hoch ragt hier der Monte Capanne auf.

Das durch Verwitterung abgetragene Granitgebirge bildet mit seinen Felsburgen, Glockenbergen und Riesenhohlblöcken eine geologische Fundgrube. Vom Gipfel des Monte Capanne aus verlaufen in strahlenförmiger Anordnung Täler hinunter zur Küste. An den größeren Ausläufern wie der Valle di Pomonte, dem Fosso di Vallebuia und dem Fosso di Marciana gibt es einladende Buchten und Strände. Oft ist es in der Hochsaison beinahe unmöglich, einen Parkplatz in unmittelbarer Nähe des Strandes zu finden. Stellen Sie sich also vor dem Sprung ins Meer auf einen kleinen Fußmarsch ein! Nur vom Wasser aus zu erreichen sind die romantischen kleineren Buchten mit steilen, bis zu 100 m hohen Felswänden.

Bild: Blick vom Monte Capanne

DER WESTEN

CAMPO NELL'ELBA

[109 E-F 4-5] Oberhalb des *Golfo di Campo* erstreckt sich die über 200 m hoch gelegene Ebene von *Campo nell'Elba* (4200 Ew.) mit den beiden Orten *San Piero in Campo* und *Sant'Ilario in Campo.* Die Menschen in den Bergen sind zurückhaltender, aber wenn man ihnen höflich entgegentritt, zeigen sie schnell freundliche Hilfsbereitschaft. Mit etwas Geduld erfahren Sie dann, wie Sie zu einem der vielen aufgelassenen Steinbrüche gelangen.

■ SEHENSWERTES

PIAZZA DI SAN PIERO IN CAMPO

Der Hauptplatz von San Piero in Campo ist ausnahmsweise einmal nicht, wie sonst üblich, der Kirchplatz. Direkt am Eingang von San Piero, das Sie über verwinkelte Trep-

CAMPO NELL'ELBA

Sant'Ilario in Campo: Aus jedem Topf, an jeder Mauer sprießen Blumen

pen nur zu Fuß erkunden können, findet man diese von Platanen umstandene Piazza, die Treffpunkt und Nachrichtenbörse zugleich ist.

SAN GIOVANNI
An der Straße nach Marciana, etwa 3 km westlich von Sant'Ilario in Campo, bildet der auf einem Granitfelsen erbaute pisanische Wachturm aus dem 12. Jh. ein gutes Fotomotiv. Kurz darauf, auf der gegenüberliegenden Straßenseite, finden Sie die noch erhaltene Fassade und die Reste einer kleinen romanischen Kirche. Beide sind San Giovanni geweiht.

Insider Tipp

CHIESA DI SAN NICCOLÒ ★
Seltenerweise besitzt die romanische, ehemals *Santi Pietro e Paolo* genannte Kirche am Südende von San Piero di Campo zwei gleich große Schiffe – je mit einem Altar. Es heißt, dass sie Ende des 7. Jhs. auf den Resten eines altrömischen Tempels aus der Zeit Oktavians (27 v. Chr. zum Kaiser Augustus gekrönt), erbaut wurde. Das Innere der Kirche mit beachtenswerten Fresken (14./15. Jh.) kann nur während Gottesdiensten und Beichtstunden besichtigt werden. Vom ✼ Kirchplatz reicht der Blick über den Osten der Insel und mit ein wenig Glück auch bis nach Giglio und Montecristo!

■ ESSEN & TRINKEN ■
LA CAVA
Auf der Terrasse mit Meerblick wird an Sommerabenden auch Pizza serviert. Gute elbanische Küche. *Ostern bis Sept. tgl., sonst Mi und Dez./Jan. geschl. | Via degli Alberi 26 | Sant' Ilario | Tel. 05 65 98 33 79 | €–€€*

LA ROSA
Fragen Sie im Restaurant des einfachen Hotels nach der Spezialität des

> *www.marcopolo.de/elba*

DER WESTEN

Hauses, dem Fischeintopf *cacciucco!*
10 Zi. | ganzjährig | San Piero, Piazza Gadani 76 | Tel. 05 65 98 31 91 | Fax 05 65 91 61 23 | www.larosahotel.it | €€

■ ZIEL IN DER UMGEBUNG
LA PILA [109 F4]

Auf der Verbindungsstraße von Procchio nach Campo nell'Elba liegt beim Ort La Pila der winzige Flughafen der Insel. Nicht weit entfernt – jedoch außerhalb der Einflugschneise – finden Sie den *Agriturismo Il Micio*, in dem Sie die Gastfreundschaft der Geschwister Sergio und Carla genießen können. Hier werden auch Olivenöl, Wein und Likörwein aus eigenem Anbau verkauft *(Mai–Sept. | Ortsteil I Marmi | Mobiltel. 32 86 75 97 61 | www.agriturismoilmicio.it | €€).*

MARCIANA MARINA

[109 E1–2] **In dem quirligen Städtchen (1900 Ew.) ist auch im Winter immer was los:** Um den von Platanen umstandenen Kirchplatz und entlang der Uferpromenade gibt es eine Reihe von Restaurants, Bars und Geschäften, die das ganze Jahr über geöffnet haben. Das hat zum einen damit zu tun, dass viele Hausbesitzer in den umliegenden Hügeln, in Marciana Alta und in Poggio, im Herbst und Winter auf der Insel bleiben. Zum anderen hat Marciana Marina mit der größten Fischfangflotte Elbas, die Sardellen und Sardinen anlandet, und der dazugehörigen Konservenfabrik eine gewachsene Stammbevölkerung.

■ SEHENSWERTES
COTONE

Am östlichen Rand der Bucht von Marciana Marina liegt der älteste Teil des Städtchens. Die Fischersiedlung *Cotone* mit ihren alten Häusern, die erst vor einigen Jahren vollkommen restauriert wurden, ist direkt auf die ins Meer reichenden Felsen gebaut. Während der Saison sind die Felsen abends und nachts angestrahlt. Dabei kann man erkennen, dass sie aus den für das Monte-Capanne-Massiv typischen, im Lauf von Jahrtausenden verwitterten Hohlblöcken, den sogenannten *tafoni* – hier allerdings im Kleinformat – bestehen.

MARCO POLO HIGHLIGHTS

★ **Chiesa di San Niccolò**
Kirche mit Aussicht in die Ferne
(Seite 60)

★ **Patresi Mare**
Sonnen, baden und über glatte Felsen ins Meer rutschen (Seite 63)

★ **Marciana Alta**
Treppensteigen in Elbas ältester Gemeinde (Seite 67)

★ **Monte Capanne**
Der Berg ist die höchste Herausforderung auf der Insel (Seite 68)

★ **Fetovaia/Le Tombe**
Windgeschützt nackt baden, auch wenn der Sturm braust (Seite 70)

★ **Golfo della Biodola**
Teure Hotels und ein feiner weißer Strand (Seite 72)

MARCIANA MARINA

TORRE PISANA
Am Ende der Uferpromenade, die sich von Cotone über 700 m bis hierhin zieht, steht ein weithin sichtbarer Wachturm aus dem 12. Jh.

■ ESSEN & TRINKEN
CAPO NORD
Insider Tipp

Das Richtige für ein elegantes, romantisches Abendessen direkt am nördlichen Strand von Fenicia. Mit Terrasse. *Mitte Juni–Mitte Sept. tgl., sonst Mo und Jan.–Ostern geschl. | Ortsteil La Fenicia | Tel. 05 65 99 69 83 | €€€*

RENDEZ-VOUS DA MARCELLO
Ein Klassiker unter den Inselrestaurants an der Hafenpromenade. Besonders zu empfehlen: Nudeln mit Taschenkrebsen *(tagliolini con granchietti)* und während der Saison die mit Fisch gefüllte Kartoffel *(patata ripiena di pesce)*. *Mitte Mai–Mitte Sept. tgl., sonst Mi und Nov., Jan./Feb. geschl. | Piazza della Vittoria 1 | Tel. 056 59 92 51 | €€*

DA TERESINA
Seit Generationen im Familienbesitz. Traditionelle Gerichte. *Ostern–Sept. tgl., sonst Di geschl. | Piazza della Vittoria 15 | Tel. 056 59 90 49 | €€*

■ EINKAUFEN
ACQUA DELL'ELBA
Insider Tipp

Hier entstand die Idee, aus den Essenzen und Düften der Flora Elbas ein Parfum herzustellen – türkisfarben wie das Wasser um die Insel. Heute gibt es bereits acht Geschäfte mit diesem Namen! *Via Aldo Moro 17 und Lungomare Regina Margherita 33 | www.profumidellelba.it*

GULLIVER
Eine Galerie und gleich um die Ecke ein kleines Geschäft, das Objekte zeitgenössischer italienischer Künstler ausstellt und verkauft. Ein Besuch lohnt sich! *März–Okt. | Geschäft Via Mentana 6, Galerie Via Garibaldi 47 | www.gulliverarte.com*

LAVORAZIONE CORALLO
Die Korallen, die zwischen Elba und Capraia gefunden werden, besitzen eine besonders dunkelrote Farbe. Hier werden sie im für den Besucher sichtbaren Atelier zu kostbaren Schmuckstücken verarbeitet. *Lungomare Regina Margherita 75*

NAUTICA ELBANA
Bootszubehör und Segelutensilien vom Feinsten. *Lungomare Regina Margherita 62*

■ STRAND
SPIAGGIA LA FENICIA
Der schmale, aber schöne Kieselstrand liegt nordwestlich von Marciana Marina außer Reichweite des Hafengebiets hinter dem malerischen Sarazenenturm. Auf einem der Granitfelsen kann man sich wunderbar sonnen, leider unter vielen Gleichgesinnten.

■ AM ABEND
COLTELLI PUB
In diesem Pub mit Enothek ist immer Stimmung – bis 3 Uhr bei *bruschetta* und Wein. *Okt.–Mai Di sowie Jan. geschl. | Piazza della Vittoria 11*

YACHTING BAR ▶▶
Belebteste (wenn nicht beliebteste!) Bar, um morgens einen Cappuccino

DER WESTEN

oder abends einen ausgiebigen Aperitif zu genießen. *Juni–Aug. tgl., sonst Mo und März–Nov. geschl. | Viale Regina Margherita 68*

■ ÜBERNACHTEN

GABBIANO AZZURRO DUE
Das Hotel hat 20 hübsche Zimmer und bietet Hallenbad, Pool und Fitnessraum. *April–Mitte Okt. | Viale Principe Amedeo 48 | Tel. 05 65 99 70 35 | Fax 05 65 99 70 34 | www.hotelgabbianoazzurrodue.it | €€€*

HOTEL MARINELLA
Das gut geführte Hotel verfügt über einen Meerwasserpool, zwei Tennisplätze, Restaurant und Parkplatz. *Ostern–Mitte Okt. | 57 Zi. | Lungomare Regina Margherita 38 | Tel. 056 59 90 18 | Fax 05 65 99 68 95 | www.elbahotelmarinella.it | €*

RESIDENCE ST. CLAIRE
35 angenehm ruhige Ein- bis Dreizimmerapartments mit Pool und typischem Elbacharme. *Ostern–Mitte Sept. | Viale Aldo Moro 4 | Tel. 056 59 91 00 | Fax 05 65 90 40 73 | www.hotelstclaire.com | €€€*

■ ZIELE IN DER UMGEBUNG

PATRESI MARE ★ [108 A–B2]
Eine prächtige, flach abfallende Felsküste rund 15 km westlich von Marciana Marina lädt zum Baden und Sonnen ein, auch Nacktbaden ist hier erlaubt. Ganz in der Nähe liegt der weiße Leuchtturm *Faro di Punta Polveraia*.

RIPA BARATA [109 D1] *Insider Tipp*
Die Anhöhe am westlichen Ende von Marciana Marina verschafft Ihnen eine herrliche Aussicht weit über das

Das lebendige Städtchen Marciana Marina besitzt die größte Fischfangflotte Elbas

MARINA DI CAMPO

Sant'Andrea: Über flache Felsen geht es hinein ins kristallklare Wasser

Meer. Trampelpfade führen direkt hinunter zum Strand.

ZANCA/SANT'ANDREA [108 B-C 1-2]

Die Bucht ca. 12 km westlich von Marciana Marina hat einen kleinen Sandstrand. Links geht es über gut zugängliche und mit Seilen gesicherte Felsen auf flachen Granitplatten ins Meer. Allerdings ist Vorsicht geboten, wenn die See rau ist.

Mehrere Hotels und Pensionen haben sich angesiedelt, unter anderem das exklusive ▶▶ *Cernia* mit Swimmingpool und Tennisplatz inmitten eines rund 10 000 m² großen, artenreichen tropischen Parks *(27 Zi. | Capo Sant'Andrea | Mitte März bis Mitte Okt. | Tel. 05 65 90 82 10 | Fax 05 65 90 82 53 | www.hotelcernia.it | €€–€€€).* Das kleine Hotel *Barsalini* liegt über der Bucht, hat ebenfalls einen Pool in einem tropischen Garten und genießt den Ruf einer guten Küche; nur Halb- oder Vollpension *(33 Zi. | Mitte März–Mitte Okt. | Tel. 05 65 90 80 13 | Fax 05 65 90 89 20 | www.hotelbarsalini.com | €–€€).*

Die Besitzer des sehr gemütlichen 🔊 *Hotel Ilio* haben sich etwas Neues einfallen lassen: Sie erklärten es zum ersten „Naturhotel" Elbas. Im Hotelbetrieb wird Ökologie großgeschrieben, und eine breite Palette von besonderen Freizeitangeboten – ob zu Wasser oder auf dem Land – soll Gäste mit den Naturschönheiten der Insel vertraut machen *(20 Zi. | Mitte April–Mitte Okt. | Capo Sant'Andrea | Tel. 05 65 90 80 18 | Fax 05 65 90 80 87 | www.hotelilio.com | €).*

MARINA DI CAMPO

[110 A6] Der Ort (4400 Ew.) ist ein viel besuchtes Touristenzentrum. Der Sandstrand ist 2 km lang und führt von dem ehemaligen Fischerort im Südwesten durch die Bucht *Golfo di Campo* bis zu einem schattigen Pinienwald im Osten. Marina di Campo hat den drittgrößten Hafen Elbas, der von einem 25 m hohen, steinernen Turm aus pisanischer Zeit bewacht wird und einer eigenen Fischfangflotte als Heimathafen dient.

■ ESSEN & TRINKEN

IL CACCIUCCO

Beliebtes Restaurant im historischen Zentrum mit Tischen an der Piazza.

DER WESTEN

Nov. und Jan. geschl. | *Piazza Cavour 6* | *Tel. 05 65 97 64 89* | €€

KONTIKI ▶▶
Auf der großen Terrasse zum Meer können Sie abends bei Musik zwischen der mediterranen Inselküche (gute Antipasti) und Pizza aus dem Holzofen wählen. *Mitte Juni–Mitte Sept. tgl. abends, Mitte März–Mitte Juni und Mitte Sept.–Okt. Mi geschl.* | *Molo Nuovo* | *Tel. 05 65 97 64 65* | *www.ristorantekontiki.it* | €–€€

LA LUCCIOLA
Mit Blick auf die Bucht direkt am Strand bietet das Lokal abends ein opulentes Dinner bei Kerzenschein mit schmackhaften Fischspezialitäten. Donnerstags gibt's Livemusik! *Ostern–Sept. außer Juli/Aug. Mo geschl.* | *Viale degli Eroi 2* | *Tel. 05 65 97 63 95* | *www.lalucciola.it* | €€

■ AM ABEND ■

BAOBAB CAFÉ
Mittags gibt es Salate und *panini*, danach *Aperitivo Baobab*, abends wird das Café zur Bar – bis 2 Uhr nachts! *Ganzjährig* | *Piazza della Vittoria*

■ ÜBERNACHTEN ■

BARRACUDA
Gut geführtes Hotel in einem schönen Palmengarten, mit Pool und geräumigen Zimmern. *44 Zi.* | *Mitte April–Mitte Okt.* | *Viale Elba 46* | *Tel. 05 65 97 68 93* | *Fax 05 65 97 72 54* | *www.hotelbarracudaelba.it* | €€

HOTEL EDEN PARK
Auf der Straße nach Sant'Ilario liegt links, ca. 1,5 km vom Strand entfernt, das ruhige Hotel mit großem Garten, Pool, Tennisplatz und nettem Restaurant. *26 Zi.* | *Mitte März–Sept.* | *Ortsteil Lamia, Via Pian di Mezzo* | *Tel. 05 65 97 62 85* | *Fax 05 65 97 60 71* | *www.hoteledenpark.it* | €

ISELBA
Direkt vom Strand ziehen sich die Bungalows für 2–6 Personen in den Pinienhain. Schön und zweckmäßig. Mit Hotelservice. *39 Apartments* | *Mitte April–Mitte Sept.* | *Viale degli Etruschi 42* | *Tel. 05 65 97 71 23* | *Fax 05 65 97 77 10* | *www.iselba.it* | €€

MONTECRISTO
Oberhalb des Sandstrands (10 m) hat das Viersternehotel auch ein eigenes großes Schwimmbad mit Sauna. *43 Zi.* | *Mitte April–Sept.* | *Lungomare Nomellini 11* | *Tel. 05 65 97 68 61* | *Fax 05 65 97 65 97* | *www.hotelmontecristo.it* | €€€

PUNTO VERDE
Einfaches Hotel mit freundlichem Service. *34 Zi.* | *Viale degli Etruschi 207* | *Tel. 05 65 97 74 82* | *Fax 05 65 97 74 86* | *www.hotelpuntoverde.it* | €–€€

YACHT CLUB
Barbara und Giancarlo bemühen sich um Ihr Wohlbefinden in diesem nur einige Schritte vom Hafen entfernten Hotel. *26 Zi.* | *Via Aldo Moro 46* | *Tel. 05 65 90 44 22* | *Fax 05 65 90 44 65* | *www.hotelyachtclub.it* | €€

■ ZIELE IN DER UMGEBUNG ■

CAVOLI [109 D5–6]
Die 6 km entfernte Badebucht lockt mit Sand- und Felsenstrand. Bei kla-

POGGIO

rem Wetter sehen Sie bis zu den Inseln Pianosa und Montecristo.

SECCHETO [109 D5–6]

Auch in der nächsten Bucht nach Cavoli finden Sie sowohl Sand- wie Felsenstrand. Direkt am Hotel *La* ist einer der Hauptgräben, die vom Monte Capanne hinunter ans Meer führen. Am Ende der Straße von Seccheto ins Landesinnere steht in ungefähr 200 m Höhe die sehr einfache *Locanda dell'Amicizia,* ein idealer Ausgangspunkt für Wanderungen

Mit winkeligen, autofreien Gassen schmiegt sich das Bergdorf Poggio an den Monte Capanne

Stella (24 Zi. | Mitte März.–Okt. | Tel. 05 65 98 70 13 | Fax 05 65 98 72 15 | www.hotellastella.it | €€) gibt es eine *Tauchschule (Diving Service Center | www.divingservicecenter.com).* Nur 100 m vom Meer entfernt liegt auch die *Pensione Da Fine (30 Zi. | Jan–Mitte Nov. | Tel. 05 65 98 70 17 | Fax 05 65 98 72 50 | www.hotelda fine.it | €€).*

Von Seccheto aus können Sie Wanderungen in den *Fosso di Vallebuia* unternehmen. Das „dunkle Tal"

(26 Zi. | ganzjährig | Tel. 05 65 98 70 51 | Fax 05 65 98 72 77 | www.lo candadellamicizia.it | €).

POGGIO

[109 D2–3] Poggio (250 Ew.) ist treppenförmig in den Berg hineingebaut. Winkelige Gassen, viele hübsche Häuser, Brunnen und liebevoll bepflanzte Blumenkästen beherrschen das Stadtbild.

Am Ortsrand von Poggio wird das Mineralwasser Elbas aus der guten

> www.marcopolo.de/elba

DER WESTEN

Mineralquelle *Fonte Napoleone* gewonnen – die Elbaner füllen es hier gleich kanisterweise ab.

SEHENSWERTES

SAN DEFENDENTE
Das schöne Gotteshaus aus dem 16. Jh. im unteren Teil des Orts sollte täglich vormittags geöffnet sein. Falls Sie Pech haben oder am Nachmittag vorbeikommen, klingeln Sie in der *Piazza San Defendente Nr. 5* – dort liegt der Schlüssel.

SAN NICCOLÒ
Die Geschichte der Pfarrkirche im oberen Teil Poggios reicht bis ins 8. Jh., denn jahrhundertelang war sie Trutzburg gegen Piratenüberfälle. Erst im 16. Jh. kamen die Befestigungsbauten hinzu, die das Gotteshaus heute einrahmen.

ESSEN & TRINKEN

PUBLIUS
Das mit Holz verkleidete Restaurant steht am Ortseingang auf einem Felsvorsprung, sodass Sie einen wunderbaren Blick über die Bucht von Marciana Marina haben. Eine Spezialität des Familienbetriebs sind die hausgemachten Nudeln. *Juni–Sept. tgl., sonst Mo sowie Nov.–Ostern geschl. | Piazza XX Settembre | Tel. 056 59 92 08 | €€*

ZIELE IN DER UMGEBUNG

MARCIANA ALTA [109 D2]
Poggios direkter Nachbarort (2200 Ew.) ist die älteste ständig bewohnte Gemeinde Elbas. Die Pisaner bauten im 12. Jh. die Stadtmauern und die *Fortezza*, die heute am höchsten Punkt des Orts liegt und im Sommer der beeindruckende Schauplatz für festliche *Openairkonzerte* im Innenhof ist. Seit einigen Jahren befindet sich hier ein dem Nationalpark des Toskanischen Archipels gewidmetes Besucherzentrum, in dem vieles über Flora, Fauna und Beschaffenheit der einzelnen Inseln veranschaulicht und erklärt wird. Vor der Fortezza gibt es auch die besten Parkmöglichkeiten.

Besuchenswert ist im Rathaus das *Museo Archeologico*. Es zeigt eine wertvolle Sammlung prähistorischer und antiker Fundstücke *(Fortezza Pisana, Casa del Parco Nazionale dell'Arcipelago Toscano und Museo Archeologico | April–Mitte Okt. tgl. 9.30–12.30 und 15–19, Juli/Aug. nachmittags 18–23 Uhr | Eintritt 2 Euro)*. Auf dem Weg von der Festung zum Museum kommen Sie an der früheren Residenz der Elbaherrscher Appiani vorbei, der *Casa degli Appiani* aus dem frühen 15. Jh.

Wer den Weg bis hier oben hin gemacht hat, sollte die Aussicht und das Flair im *Monilli* erleben – eine Enothek, in der man auch Kleinigkeiten essen kann *(Juni–Aug. tgl., sonst Mo und im Winter mittags geschl. | Via del Pretorio 64 | Mobiltel. 32 84 00 30 05 | €)*. Wer in der *Osteria del Noce* die ausgezeichnete Küche genießt, kann seinen Blick sogar weit übers Meer schweifen lassen *(Mitte März–Sept. | Via Madonna 14 | Tel. 05 65 90 12 84 | www.osteriadelnoce.it | €€)*. Im Relais *Valle dei Mulini* haben Chiara und Emilio ihr Haus in ein gemütliches Bed & Breakfast umgewandelt *(5 Zi. | Ostern–Dez. | Ortsteil Pozzatello | Tel. 05 65 90 11 30 | www.valledeimulini.it | €–€€)*.

POMONTE

MONTE CAPANNE ✤ ★ [109 D3]

Auf den höchsten Berg Elbas (1018 m) können Sie von Poggio aus zu Fuß hinaufsteigen. Die Wanderung durch eine wunderschöne Landschaft dauert zwei bis drei Stunden. Wenn die an vielen Stellen in die Höhe ragenden Kastanienbäume im Frühling blühen, ist es am schönsten. Von Marciana Alta führt auch eine Kabinenbahn auf den Berg hinauf. Die Talstation der Bahn liegt etwa 1 km hinter dem Ortsausgang. Die ==offenen Gondeln== *(cabinovia)* für zwei Personen gleiten in gut 15 Minuten auf den Gipfel. *Ostern–Okt. tgl. 10–12.15 (letzte Rückfahrt 12.45 Uhr) und 14.45–17.30 (letzte Rückfahrt 18 Uhr), Okt. bis 17 Uhr | Fahrpreis (Hin- und Rückfahrt) 17 Euro*

[Insider Tipp]

SANTUARIO DELLA MADONNA DEL MONTE [108 C2]

Die ca. 5 km westlich von Poggio gelegene Wallfahrtskirche aus dem 16. Jh. erreichen Sie über einen treppenartigen Weg, der an der alten Festung des Orts beginnt und an dem die zwölf Leidensstationen Christi gezeigt werden. Diesen Weg nehmen jedes Jahr am 15. August Hunderte von Pilgern. 1995 wurden im Inneren Fresken freigelegt, die von der Hand des Hochrenaissancemalers Sodoma stammen sollen.

Vor der Kirche spucken drei steinerne Skulpturen trinkbares Wasser aus, was Napoleon, der seinen Aufenthalt im Sommer 1814 für einige Zeit von Portoferraio hier herauf verlegt hatte, zu dem Ausruf veranlasst haben soll: „Schatten und Wasser, was braucht man mehr zum Glück."

> LOW BUDGET

- Kleine günstige Apartments, manchmal sogar mit Garten, bekommt man in Marciana Marina im *Soggiorno Tagliaferro*. Viale Amedeo 10 | Tel. 056 59 90 29 | www.soggiorno tagliaferro.it
- Überraschend preiswert kann man sich in *La Conchiglia* am Strand von Cavoli einmieten – Halbpension und Meeresrauschen inbegriffen! 23 Zi. | April-Mitte Okt. | Via XX Settembre | Tel. 05 65 98 70 10 | Fax 05 65 98 72 57 | www.laconchigliacavoli.it
- Der Campingplatz *La Foce* liegt am Ortsrand von Marina di Campo am Meer. Ortsteil La Foce, an der Straße nach Lacona rechts abbiegen | ganzjährig | Tel. 05 65 97 64 56, Mobiltel. 39 39 71 64 51 | Fax 05 65 97 73 85 | www.campinglafoce.com
- In Marina di Campo ist die Pizza im *Vesuvio* immer ofenfrisch und lecker (Via Roma 376 | Tel. 05 65 97 80 15) und die besten *panini* bekommen Sie in Marciana Alta in der beliebten Bar *La Porta* (Piazza Umberto 1).

POMONTE

[108 B5] **Pomonte (500 Ew.) liegt inmitten eines Weinbaugebiets. Anders als etwa in Deutschland darf man hier das ganze Jahr hindurch die Pfade zwischen den Rebpflanzungen benutzen.** Deshalb, und weil die Wälder des Monte Capanne bis an die Weinberge heranreichen, ist Pomonte ein vor allem bei Wanderern beliebter Ort. Die Küste bei Pomonte ist felsig und meist unzugänglich. Sand- und Felsstrände gibt es in der Nähe.

DER WESTEN

■ ÜBERNACHTEN

DA SARDI
Wer die Gegend ein paar Tage erkunden möchte, findet in diesem netten Hotel nur 20 m vom Meer entfernt seine Ruhe. *22 Zi. | Mitte März–Okt.* gesunken, und noch immer werden Amphoren und Karaffen aus alter Zeit geborgen. Funde machte man auch im 1 km landeinwärts gelegenen *Valle di Gneccarina,* wo Bronzeäxte aus dem 8. Jh. ausgegraben wur-

Madonna del Monte, erbaut zu Ehren eines wundersamen, auf Granit gemalten Marienbildes

| Via del Mare 38 | Tel. 05 65 90 60 45 | Fax 05 65 90 62 53 | www.hotel sardi.it | €

■ ZIELE IN DER UMGEBUNG

CHIESSI [108 A4]
Auch im 2 km nördlich von Pomonte liegenden Chiessi wird Wein angebaut. Doch besonders lockt hier das Meer Taucher und Schwimmer an. Sie gelangen ins erfrischende Nass über breite, flach ins Wasser hineingehende Felsen. Vor der Küste von Chiessi sind zahlreiche Schiffe den, die sich nun im Archäologischen Museum von Marciana Alta befinden.

Gut 1 km außerhalb von Chiessi stoßen Sie in nördlicher Richtung auf der Hauptstraße auf die *Punta Nera.* Sie ist der westlichste Punkt der Insel Elba. In klaren Nächten sind von Chiessis Felsstrand aus die Lichter von Korsikas Hauptstadt Bastia zu sehen. Schöner Blick auf Meer oder Berge im Hotelrestaurant ❋ *Il Perseo (21 Zi. | März–Okt. | Tel. 05 65 90 60 10 | Fax 05 65 90 61 09 | www.ht perseo.it | €).*

PROCCHIO

FETOVAIA/LE TOMBE ⭐ [108 B–C5–6]
Der neue Touristenort 4 km südlich von Pomonte entwickelte sich an einem schönen Sandstrand, an dem Sie auch bei unruhigem Wasser noch gut baden können. Eine weit ins Meer ragende Landzunge schützt hier das Strandgebiet vor Westwind. Die kleine Bucht von *Le Tombe* westlich von Fetovaia hat sich außerdem inzwischen als *der* Nacktbadestrand der Insel etabliert (doch Achtung vor allzu viel Freizügigkeit: Offiziell ist das Nacktbaden überall in Italien noch ein „öffentliches Ärgernis" und kann bestraft werden!).

Das *Galli* ist ein kleines, sehr gepflegtes und dazu angenehm ruhig gelegenes Hotel *(29 Zi. | Mitte April bis Mitte Okt. | Tel. 05 65 98 80 35 | Fax 05 65 98 80 29 | www.hotel galli.it | €€).* Einfach, aber gemütlich auch das *Hotel Alma (15 Zi. | April bis Mitte Okt. | Tel. 05 65 98 80 40 | Fax 05 65 98 80 74 | www.hotel alma.com | €)*, wo man gute Hausmannskost bekommt.

PROCCHIO

[110 A–B3] **Der Verkehrsknotenpunkt, an dem sich die Straßen aus Marciana Marina, Marina di Campo und Portoferraio treffen, hat sich zu einem Sammelpunkt für viele Touristen entwickelt.** Grund ist ein fast 1 km langer Sandstrand, den selbst zahlreiche weiter entfernt wohnende Urlauber anfahren. Im Ort (700 Ew.) haben sich auch Bars und verschiedene Geschäfte angesiedelt. Besondere Aufmerksamkeit verdienen die seltenen, zum großen Teil uralten Korkeichen an der Straße nach Portoferraio, die sich im ersten Stück nach Procchio steil hinaufwindet.

■ ESSEN & TRINKEN
BAGNI PAOLA

Inside Tip

Auf der Terrasse der eher unscheinbaren Strandbar direkt am Meer isst

> BÜCHER & FILME
Natur und Napoleon reizen Literaten und Filmemacher

- > „N" – Die Inseln haben längst nicht so stark wie das toskanische Festland Filmemacher zu ihren Werken inspiriert. Lediglich dieser 2005 gedrehte Napoleon-Schinken spielt auf Elba.
- > Der Graf von Montecristo – Als spannende Reiselektüre empfiehlt sich noch immer Alexandre Dumas' Abenteuerroman von 1854, der mehrfach verfilmt wurde, so 1974 mit Richard Chamberlain in der Hauptrolle oder 1998 als 4-teiliger Fernsehfilm mit Gérard Depardieu und Ornella Muti, sowie 2002 mit Jim Caviezel. Gedreht wurde jedoch immer an anderen Orten.
- > Napoleon – Ihr Wissen über Elbas berühmtesten Besucher können Sie auch durch die Monografie von Volker Ullrich erweitern.
- > Was blüht am Mittelmeer – Interessantes zur Flora von Peter und Ingrid Schönfelder.
- > Elba: Die schönsten Tal- und Höhenwanderungen – Wolfgang Heitzmann und Renate Gabriel stellen 40 Spaziergänge, Wanderungen und Bergtouren auf Elba vor.

DER WESTEN

man mittags und abends einfach himmlisch! Hierher gelangen Sie über die Via del Mare und dann rechts am Meer entlang. Sie können auch von der Straße Procchio–Portoferraio gleich hinter dem Ort links eine kleine Straße hinabfahren. *Mai–Mitte Okt. tgl. | Ortsteil Campo*

ÜBERNACHTEN
HOTEL FONTALLECCIO
Einfaches und gut ausgestattetes Hotel mit Schwimmbad, ca. 200 m vom Strand entfernt. *20 Zi. | März–Mitte Dez. | Ortsteil Fonte al Leccio | Tel. 05 65 90 74 31 | Fax 05 65 90 75 47 | www.hotelfontalleccio.it | €€*

Vom rauen Westwind geschützt lässt sich am Strand von Fetovaia wunderbar sonnen und baden

all'Aia | Tel. 05 65 90 74 88 | www.bagnipaola.com| €–€€

COSTA DEL MANCINO
Paella mit Fischen und Krustentieren oder auch *cacciucco elbano* werden hier schmackhaft zubereitet. *März bis Nov. tgl. | Via di Valle Grande | Tel. 05 65 90 76 60 | €*

GELATERIA DA PIPPO
Fragen Sie die Einheimischen: Diese unscheinbare Bar hat das beste hausgemachte Eis! *Corso Procchio 4*

HOTEL DEL GOLFO
Das Luxushotel direkt oberhalb des Sandstrands besitzt zusätzlich zu den üblichen Annehmlichkeiten zwei Tennisplätze, ein Schwimmbecken mit Meerwasser und eine Pianobar. *117 Zi. | April–Okt. | Via Provinciale | Tel. 05 65 90 21 | Fax 05 65 90 78 98 | www.elba4star.it | €€€*

AM ABEND
LA CASA DEL VINO
Diese Bar ist vor allem im Sommer angesagt: Man kann sich von Davide

PROCCHIO

ein gutes Glas Wein empfehlen lassen oder auch nur eine Cola trinken, etwas Kleines essen und toskanische Spezialitäten kaufen. *Ganzjährig | Via del Mare 15 | €*

CLUB 64 ▶▶
In dieser seit 1964 in ganz Italien bekannten Disko kann man von Juni bis September bis spät in die Nacht draußen zu House, Funk und Revival tanzen, während drinnen Techno und Progressive gespielt wird. *Mitte Juli bis Aug. Di–So 23.30–5, Sept./Okt. und Ostern–Mitte Juli nur Fr/Sa, Nov.–Ostern geschl. | Eintritt 15 Euro | Ortsteil Capannone, Richtung Biodola | www.club64.net*

■ ZIELE IN DER UMGEBUNG ■

GOLFO DELLA BIODOLA ★ [110 B2]
Die allerschönste Bucht von Elba liegt rund 5 km nordöstlich von Procchio. Den feinen Sandstrand kann jedermann nutzen, auch wenn zwei Hotels der absoluten Luxuskategorie ihn sich aufgeteilt zu haben scheinen. Das erste Luxushotel der Insel war das *Hermitage (117 Zi. | April–Okt. | Tel. 05 65 97 40 | Fax 05 65 96 99 84 | www.elba4star.it | €€€)*. Seine 132 Zimmer liegen zum Teil in von Pinien umgebenen Bungalows hoch über dem Meer. Zum Hotel gehört auch ein Golfplatz mit 6 Löchern.

GOLFO DI VITICCIO [110 B-C 1-2]
Die nördlich anschließende Bucht mit dem kleinen Fischerort Viticcio ist wesentlich ruhiger als die Strände von Biodola und Procchio, allerdings finden Sie hier etwas gröberen Sandstrand.

Empfehlenswert sind das *Hotel Paradiso* mit Tennisplatz und Restaurant *(46 Zi. | Ostern–Okt., Restaurant Do geschl. | Tel. 05 65 93 90 34 | Fax 05 65 93 90 41 | www.elbaturistica.it | €€)* und das sehr angenehme *Hotel Viticcio* mit hübschen Räumen und einem ❄ Garten, von dem man einen traumhaften Blick über die ganze Bucht hat. Fragen Sie nach Zimmern zum Meer *(32 Zi. | Mitte April–Sept. | Tel. 05 65 93 90 58 | Fax 05 65 93 90 32 | www.hotelviticcio.it | €€€)*.

Von Viticcio können Sie zum *Capo d'Enfola* nach Nordwesten wandern. Der 135 m hoch aufragende ❄ *Monte Enfola*, ein wahres Vogelparadies, ist nur durch eine schmale Landzunge mit der Insel verbunden. An ihrem Ende können Sie noch immer die *Tonnara* sehen, Gebäude aus dem 18. Jh., in denen noch bis vor wenigen Jahren der hier gefangene Thunfisch angelandet und verarbeitet wurde. Vom Gipfel haben Sie einen herrlichen Blick bis nach Capraia.

MONTE CASTELLO [110 A4]
Auf der Strecke von Procchio nach Marina di Campo nach ca. 1,5 km geht rechts ein markierter Wanderweg zu einem Parkplatz ab, von dem aus ein 15-minütiger Fußweg zu recht unspektakulären *Etruskerausgrabungen* führt. Neben den Ruinen einer römischen Villa aus dem 1. Jh. v. Chr. hat man unter einem Pflaster aus römischer Zeit Reste einer etruskischen Siedlung mit Schmelzöfen für Eisenerz gefunden.

Grandios aber ist die unendlich weite Aussicht vom 227 m hohen,

> *www.marcopolo.de/elba*

DER WESTEN

✻ *Monte Castello* genannten Platz bis zu den Buchten von Procchio im Norden und Marina di Campo im Süden.

SCAGLIERI [110 B–C2]

Am schönen Strand zwischen den Buchten Biodola und Viticcio liegt einer der bestausgestatteten Campingplätze von Elba *(Scaglieri Camping-Bungalow | Ostern–Mitte Okt. | Tel. 05 65 96 99 40 | Fax 05 65 96 98 34 | www.campingscaglieri.it).* Nur einige Schritte vom Meer, in einem Garten versteckt, empfiehlt sich auch das einfache, gepflegte Hotel ♫ *Danila (27 Zi. | Mitte März bis Mitte Okt., Juni–Aug. Halb- oder Vollpension | Tel. 05 65 96 99 15 | Fax 05 65 96 98 65 | www.hoteldanila.it | €–€€).*

Über den Nachbarort *Forno*, dessen Name sich von den Resten der hier gefundenen etruskischen Schmelzöfen ableitet, können Sie die ✻ *Punta Penisola* erreichen, von der aus der Blick an schönen Tagen bis hinüber nach Marciana Marina reicht.

SPARTAIA [110 A3]

Zwischen den beiden Buchten von Procchio und Marciana Marina befinden sich in der Nähe des Sandstrands zwei sehr ruhig gelegene Hotelanlagen mit allem Komfort: das ♫ *Désirée* mit Privatstrand, 2 Tennisplätzen und Swimmingpool mit Meerwasser *(76 Zi. | Mai–Sept. | Tel. 05 65 90 73 11 | Fax 05 65 90 78 84 | www.htdesiree.it | €€€)* und das *Valle Verde (46 Zi. | Mitte April–Sept. | Tel. 05 65 90 72 87 | Fax 05 65 90 79 65 | www.elbahotelvalleverde.it | €).*

Golfo della Biodola: nicht nur für Segler die schönste Bucht von Elba

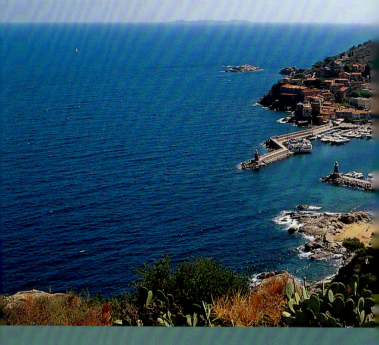

> ETWAS KLEINE, ABER FEINE SCHWESTERINSELN

Auch die kleineren Inseln des Toskanischen Archipels werden langsam vom Tourismus entdeckt

> Seit 1996 gehören zum *Parco Nazionale dell'Arcipelago Toscano* neben Elba auch Capraia, Giglio, Gorgona, Pianosa, Giannutri, Montecristo und etwa 40 winzig kleine, unbewohnte Inseln sowie ein 600 km² großes Meeresgebiet. Segler und Taucher sollten sich aktuelle Seekarten der Küstenregionen besorgen, um nicht in geschützte Zonen zu geraten!

Nur Elba, Giglio und Capraia sind touristisch erschlossen. Auf Gorgona ist eine Strafanstalt, bis 2001 war auch Pianosa Strafkolonie, und Montecristo bewohnen nur Wärter. Aufgrund eines neu verabschiedeten Gesetzes, ist es möglich, dass auf Gorgona und Pianosa und einem Teil von Giannutri in nicht allzu ferner Zukunft große Hotelanlagen entstehen.

Auf allen Urlaubsinseln organisiert *Emozioni Mediterranee* sportliche Aktivitäten aller Art *(Tel. 05 65 97 80 04 und Mobiltel. 32 86 78 17 55 | www.emozionimediterranee.it).*

Bild: Insel Giglio

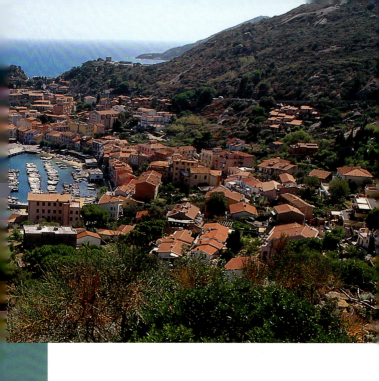

TOSKANISCHER ARCHIPEL

CAPRAIA

[116 B1] ⭐ **Drohend steht die Festung** *San Giorgio* **über dem kleinen Hafen. Die im 15. Jh. erbaute Genueser Burganlage sollte vor Sarazenenüberfällen schützen und scheint noch heute die sich in die Höhe drängenden Häuser von Capraia zu bewachen.** Die 20 km² große Insel der Ziegen – *aegilon megas*, wie sie die Griechen wegen der vielen wilden Ziegen nannten – hat 350 Einwohner und eine Küste von 27 km Länge. Das glasklare Meer um Capraia ist für Taucher ein wahres Unterwasserparadies. Da Capraia bis 1987 Gefängnisinsel war, hat sich erst in den letzten Jahren ein (noch immer) bescheidener Tourismus entwickelt.

Die Insel können Sie sehr gut bis hoch zum *Monte Castello* erwandern, mit 447 m der höchste Punkt Capraias, oder zur *Cala Rossa*, wo das Rot der Felsen und das Grau des

CAPRAIA

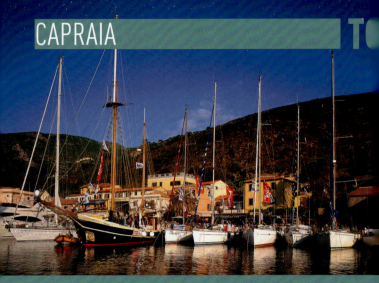

Im kleinen Hafen der früheren Gefängnisinsel Capraia drängen sich die Yachten

Vulkangesteins sich im kobaltblauen Wasser spiegeln. Vom kleinen Hafen bringen Sie *taxi boats* (Wassertaxis) auf die Westseite der Insel zu schönen, aber felsigen Tauch- und Badeplätzen.

ESSEN & TRINKEN/ ÜBERNACHTEN

DA BEPPONE
Mit seiner typischen und preiswerten Trattoria liegt es direkt an der Mole und nur 50 m von der nächsten Badestelle entfernt. *12 Zi. | ganzjährig | Via Assunzione 68 | Tel. und Fax 05 86 90 50 01 | www.dabeppone.it | €*

HOTEL IL SARACINO
Angenehmes Viersternehotel mit 35 Zimmern oberhalb des Hafens mit Schwimmbad und ausgezeichnetem Restaurant. 800 m zum Strand. Wochenweise können Sie sich auch in der dem Hotel angeschlossenen *Residenza Il Saracino* einmieten. *Ganzjährig | Via Lamberto Cibo 40 | Tel. und Fax 05 86 90 50 18 | www.capraiaisola.info | €€ – €€€*

ANFAHRT
Schiffe der staatlichen Fährgesellschaft *Toremar* laufen Capraia von Livorno täglich an *(ca. 2 1/2 Std. | Tel. 05 86 90 50 69, 05 86 22 45 11 | www.toremar.it)*. Von Elba organisieren im Sommer *Etruria Navigazione* (Mobiltel. *33 56 95 50 26 | www.etrurianavigazione.it*) und *Elba Navigazione (Tel. 05 65 92 10 09 | www.elbacrociere.com)* Fahrten nach Capraia. Fragen Sie immer vorher an, die Zeiten können sich kurzfristig ändern! *www.isoladicapraia.it*

Wenig sinnvoll ist es, mit dem Wagen nach Capraia überzusetzen, denn es ist teuer, und die längste Straße ist gerademal 1 km lang.

AUSKUNFT
Pro Loco Capraia | Via Assunzione 72 | Tel. 05 86 90 51 38 | www.prolococapraiaisola.it

> www.marcopolo.de/elba

...SKANISCHER ARCHIPEL

GIANNUTRI

[117 F6] **Im Sommer dümpeln Segel- und Schlauchboote in der *Cala dello Spalmatoio*, manchmal liegt eine Yacht weiter draußen, sonst herrscht Stille.** Die sichelförmige, 2,6 km² große Insel ist in Privatbesitz. Es gibt weder Hotels noch Campingplätze, und freies Zelten ist verboten. Bemerkenswert sind hier die Ausgrabungen einer *römischen Villa* (1.–2. Jh. n. Chr.). Teile der Mauern, Baderäume, Mosaiken und Säulen, ziehen vor allem archäologisch Interessierte und Romantiker hierher. Rund um die Insel werden immer wieder Wracks geortet, die die Abenteuerlust jedes Tauchers erwecken. Sollten Sie zu den Glücklichen gehören, die ein gesunkenes Schiff entdecken, denken Sie daran: Es ist bei Strafe verboten, Relikte von der Fundstelle zu entfernen, sie müssen umgehend der Hafenbehörde gemeldet werden!

Insider Tipp: Für Ihr leibliches Wohl sorgt die *Taverna del Granduca* an der Cala Maestra direkt am Meer nahe der Villa Romana *(Tel. 05 64 89 88 90 | €€).*

Die Fährgesellschaft *Maregiglio* organisiert ab Porto Santo Stefano und der Insel Giglio Tagesausflüge auf die Insel. Die Überfahrt dauert rund eine Stunde *(Juni–Sept. tgl., Okt.–Mai Sa/So | Tel. 05 64 81 29 20 | www.maregiglio.it).* Auch von Elba aus werden im Sommer Tagesfahrten organisiert (bei den Reisebüros erfragen). Sie können die Insel mit dem eigenen Boot anfahren, müssen jedoch ankern *(Cala dello Spalmatoio* oder *Cala Maestra).* Um an der Mole anzulegen, braucht man eine Sondergenehmigung (nicht für Touristen). Weitere Infos bei *www.giannutri.org*.

GIGLIO

[117 E6] ★ **Eine Bilderbuchinsel mit 1700 Einwohnern. Im kleinen Hafen liegen Fähre, Fischerboote und Yachten einträchtig nebeneinander.** Unter den Bäumen der gepflasterten Promenade sitzen Touristen neben Einheimischen vor den Bars. Die kleinen Läden tragen wie eh und je den Namen ihrer Besitzer(innen): *Da Ede, Da Maria*. Und die Tauchschulen heißen *Deep Blu (Campese, Via Provinciale 30 | Tel. 05 64 80 41 90 | www.divingcollege.it)* und *Dimensione Mare (Porto | Via Tahon De Revel 25 | Tel. 05 64 80 95 58 | www.dimensionemare.it).* Im Sommer jedoch wimmelt die Insel

MARCO POLO HIGHLIGHTS

★ **Capraia**
Atemberaubend sind die vielfarbigen Felsformationen der Insel – am besten vom Boot aus zu sehen (Seite 75)

★ **Giglio**
Nur einfach am Hafen sitzen und das Treiben genießen (Seite 77)

★ **Montecristo**
Es ist ungeheuer beeindruckend, diesen abweisenden Granitkegel zu umfahren (Seite 80)

★ **Pianosa**
Hier umgibt Sie ein Hauch römischen Landlebens (Seite 81)

GIGLIO

von Römern, die hier mit Vorliebe ihre Ferienwohnungen haben.

Giglio, die zweitgrößte Insel des Toskanischen Archipels, liegt geografisch gesehen näher an der Region Latium als an der Toskana. Der Granitblock von 22 km² Ausmaßen und 28 km Küstenlänge erhebt sich 15 km vom Festland entfernt. Drei Ortschaften sind ständig bewohnt: Hauptort ist das von einer imposanten Stadtmauer umringte *Giglio Castello* auf dem Gipfel der Insel. Das Bergdorf wird dominiert von einer Festung und besitzt im Zentrum die Kirche *San Pietro Apostolo* aus dem 15. Jh. Der pittoreske Fähr- und Fischerhafen *Giglio Porto* mit seinen pastellfarbenen Häusern, ist immer belebt, bietet aber abgesehen von der *Torre del Saraceno* (1596) am Südende des Hafens und dem *Museo della Mineralogia e Geologia (April bis Sept. Mo–Fr 9–13 und 15–17 Uhr | Via Provinciale 9 | Eintritt frei)* keine besonderen Attraktionen.

Der touristisch bedeutendste Ort auf der Ostseite ist *Giglio Campese* mit dem größten Sandstrand der Insel. Vom Hafen führt eine Straße nördlich in wenigen Minuten zum Strand *Cala dell'Arenella*, zu Fuß erreichen Sie ebenfalls die südlich vom Hafen gelegenen Strände *Cala delle Cannelle* und *Cala delle Caldane*.

Rund um die Insel können Sie kleine Buchten zum Baden mit dem Boot anfahren. Die beliebtesten Tauchreviere liegen um die Südspitze der Insel. Erkunden Sie aber auch das Landesinnere mit dem bis zu 498 m hohen Grat, der die ganze Insel durchzieht, denn Giglio besitzt ein gut gekennzeichnetes Netz von Trekking- und Mountainbikerouten. *Insider Tip*

> LOW BUDGET

- Einfach und günstig: *La Pergola di Demo* ist der älteste Gasthof der Insel Giglio direkt am Hafen. *Ostern bis Okt. | Via Tahon De Revel 30 | Tel. 05 64 80 90 51*
- Camping auf Giglio ist nur möglich auf der kleinen und relativ schattigen Anlage *Baia del Sole. Mitte April bis Sept. | Giglio Campese | Tel. 05 64 80 40 36 | Fax 05 64 80 41 01 | www.campingbaiadelsole.com*
- Preiswert: eine Pizza bei *Tony. Mitte April-Nov. | Giglio Campese, Via della Torre 13 | Tel. 05 64 80 64 53*
- Statt Ihr Auto nach Giglio mitzunehmen, leihen Sie sich lieber ein Mofa (motorino) in der *Agenzia Giglio Multiservizi. Giglio Porto, Via Umberto I 26 | Tel. 05 64 80 90 56 | www.gigliomultiservizi.com*

ESSEN & TRINKEN

DA MARIA
Im hoch gelegenen Giglio Castello mit Blick auf den Golf von Campese wird vor allem regionale Küche serviert. Mit hausgemachter Pasta und großer Weinauswahl. *Mi und Jan./Feb. geschl. | Giglio Castello, Via Casamatta 12 | Tel. 05 64 80 60 62 | www.ristorantedamaria.it | €€€*

DA RUGGERO
Von einer Glasveranda können Sie den Hafenbetrieb verfolgen – und dabei die Köstlichkeiten der Insel probieren. *Do und Jan.–Ostern geschl. | Giglio Porto, Via Umberto I 45 | Tel. 05 64 80 92 53 | €*

SKANISCHER ARCHIPEL

LA VECCHIA PERGOLA
Unter einer Pergola mit Panoramablick auf die Bucht mit guter Küche. *Mi und Okt.–Ostern geschl. | Giglio Porto, Via Tahon De Revel 31 | Tel. 05 64 80 90 80 | €€*

AM ABEND
In Giglio Campese gibt es mehrere Strandlokale mit guter Musik, manchmal auch Livekonzerte, z. B. im ▶▶ *Sarakeno's Pub (Via dell'Allume)*. Das Nachtleben in Castello ist etwas bewegter: Der Aperitif im *Perbacco* ist ein must *(Piazza Gloriosa)*, bei *Scipione* ist auch immer etwas los *(Bar La Banda | Via Vittorio Emanuele 6)* und die einzige Disko der Insel, *I Lombi,* findet sich in einem ehemaliger Stall *(Piazza dei Lombi).*

ÜBERNACHTEN

ARENELLA
Harmonisch und elegant, mit Sauna und Fitnessstudio. *34 Zi. | Mitte April–Sept. | Ortsteil Arenella | Tel. 05 64 80 93 40 | Fax 05 64 80 94 43 | www.hotelarenella.com | €€*

CASTELLO MONTICELLO
Insider Tipp
29 schöne Zimmer sind in dem restaurierten Schlösschen von 1920 entstanden. Gutes Restaurant mit Terrasse. *Mitte März–Mitte Sept. | Giglio Porto, Via Provinciale | Tel. 05 64 80 92 52 | Fax 05 64 80 94 73 | www.hotelcastellomonticello.com | €–€€*

HOTEL CAMPESE
Direkt am weiten Sandstrand von Campese. *39 Zi. | Ostern–Okt. | Giglio Campese, Via della Torre 18 | Tel. 05 64 80 40 03 | Fax 05 64 80 40 93 | www.hotelcampese.com | €€*

PARDINI'S HERMITAGE
Insider Tipp
Ein Haus für Romantiker, Träumer und Individualisten hoch über den Klippen: Musikabende, Töpferkurse und eine Bibliothek. Sie werden mit dem hauseigenen Boot vom Hafen

Giglio glänzt mit smaragdfarbenem Meer und kleinen Sandstrandbuchten

abgeholt, müssen aber dann die steile Steintreppe zur Oase hochlaufen. Es lohnt sich! *13 Zi. | April–Mitte Okt. | Ortsteil Cala degli Alberi | Tel. 05 64 80 90 34 | Fax 05 64 80 91 77 | www.hermit.it | €€*

GORGONA

ANFAHRT

Mit der privaten Fährgesellschaft *Maregiglio (Tel. 05 64 80 93 42 | www.maregiglio.it)* oder der staatlichen Gesellschaft *Toremar (Tel. 05 64 81 08 03 | www.toremar.it) ab Porto Santo Stefano (in der Hochsaison etwa stündliche Abfahrt, Hinfahrt ca. 6–19, Rückfahrt ca. 6–19.30 Uhr, eine Fahrt 7–10 Euro, Auto ab 30 Euro)*. Von Elba aus können Sie während des Sommers mit *Elba Navigazione* Ausflüge von Porto Azzurro auf die Insel unternehmen, die jedoch relativ teuer sind *(Info Tel. 05 65 92 10 09 | www.elbacrociere.com)*.

Mit dem eigenen Fahrzeug dürfen Sie nur während der Sommermonate auf die Insel. In der Nebensaison muss das Auto auf dem Festland bleiben. Dann können Sie für die kurzen Strecken auf dem Eiland gegebenenfalls den Linienbus oder ein Taxi nehmen.

AUSKUNFT

PRO LOCO ISOLA DEL GIGLIO
Via Umberto I | Giglio Porto | Tel. und Fax 05 64 80 94 00 | www.isoladelgiglio.net, www.giglioinfo.it

GORGONA

[116 B1] **Mit 5 km Küstenumfang ist die 2,2 km² große Insel die kleinste des Toskanischen Archipels.** Wie der Buckel eines Wals erhebt sich Gorgona aus dem Meer. In der Höhe ragt ein Turm aus dem 17. Jh. in den Himmel – früher spähte man von hier nach anrückenden Sarazenen aus, heute nach flüchtenden Sträflingen. Seit Jahren redet man davon, die seit 1869 bestehende Strafanstalt aufzulösen und die Insel für den Tourismus freizugeben, aber noch immer ist alles beim Alten.

ANFAHRT

Sie können die Insel nur im Sommer in organisierten Gruppen von ca. 30 Personen von Livorno aus besuchen, doch Sie müssen Monate vorher buchen *(Atelier del Viaggio | Tel. 05 86 88 41 54 | www.atelierdelviaggio.it)* und mit vielen Formalitäten rechnen. Die Fähre von Livorno nach Capraia macht in Gorgona nur für Wächter, Gefangene oder deren Besucher Halt.

MONTECRISTO

[116 C6] ★ **Von undurchdringlicher Macchia bewachsen und von wilden Ziegen bevölkert, erhebt sich die Insel 645 m kegelförmig aus dem Meer.** Auf der Insel wohnen lediglich zwei Förster, und es gibt weder einen Strand noch eine Anlegestelle – trotz 16 km Küstenlänge. Montecristo ist, touristisch gesehen, ein unwirtliches Eiland – nicht jedoch für Biologen und Ornithologen.

ANFAHRT

Die Genehmigung – auf Beschluss des Europarates für nicht mehr als 1000 Besucher pro Jahr (!) – ist außerordentlich schwer zu erhalten und muss mindestens ein Jahr im Voraus beantragt werden *(Corpo Forestale dello Stato | Tel. 056 64 00 19 | www.corpoforestale.it)*. Einige Reedereien auf Elba haben die Umfahrung der Insel in ihr Rundfahrtangebot aufgenommen. *Auskunft bei den Infobüros auf Elba*

> www.marcopolo.de/elba

PIANOSA

[116 C4] ⭐ Mit Recht hat diese nur 10 km² große Insel mit einem Küstenumfang von 26 km den Namen „die Flache", denn die höchste Erhebung beträgt 27 m! Auch sie hat ihr Geheimnis: *Katakomben*, die südlich des kleinen Hafens in den Fels gehauen wurden *(zzt. wegen Restaurierungsarbeiten geschl.)*. Die Überreste einer großen *römischen Villa* (rund 12 v. Chr. bis 14 n. Chr.) sind – im Osten teilweise unter Wasser – in der *Cala Giovanna* zu sehen. Sie gehörte einst Marco Giulio Agrippa Postumo, der von seinem Onkel, Kaiser Augustus, aus Rom vertrieben worden war. Ein schöner alter Torbogen durchbricht die Hafenmauer und führt hinauf zu den wenigen Häusern. Pianosa diente 1858–1997 als Strafkolonie vor allem für Mafiabosse. Nach Schließung des Gefängnisses hatte eine Benediktinerkongregation die Idee, auf der Insel eine Art Agriturismo zu betreiben, doch ob sich die Träume

Montechristo: eine der unzugänglichsten und wildesten Inseln des toskanischen Archipels

der Mönche erfüllen lassen, bleibt nun abzuwarten.

ANFAHRT

Die Besucherzahl ist limitiert: Nur ca. 250 Personen können täglich die Insel besuchen. Während der Saison finden von Marina di Campo und Marciana Marina auf Elba täglich Ausflüge nach Pianosa statt *(Infos und Buchung bei allen Reisebüros auf Elba)*.

Bild: Küste bei Sant'Ilario in Campo

> MEER, MACCHIA UND DER MONTE CAPANNE

Elba lockt an jeder Ecke mit Natur und Kultur

Die Touren sind auf dem hinteren Umschlag und im Reiseatlas grün markiert

1 MIT DEM AUTO RUND UM DEN WESTTEIL DER INSEL

Die Küstenstraße umrundet den landschaftlich besonders beeindruckenden Westteil Elbas. Länge: 100–150 km, Dauer: 1 Tag

Sie verlassen **Portoferraio** *(S. 30)* Richtung Westen *(tutte le direzioni)*. Zwei Abstecher bieten sich an: Etwa 2 km hinter Portoferraio führt links eine Straße nach **San Martino** *(S. 42)* zur **Villa Napoleonica**. Nach weiteren 3 km auf der Hauptstraße geht eine ☀ steile Straße mit tollem Blick aufs Meer hinab zum **Golfo della Biodola** *(S. 72)*. Von dort gelangen Sie nach 4 km in das für elbanische Verhältnisse mondäne **Procchio** *(S. 70)*. In der Ortsmitte biegt links die Straße nach Marina di Campo ab.

Bis **La Pila** *(S. 61)* fahren Sie etwa 4 km eben durchs Tal. Spätestens hier müssen Sie Ihren Tank kontrollieren –

Insider Tip

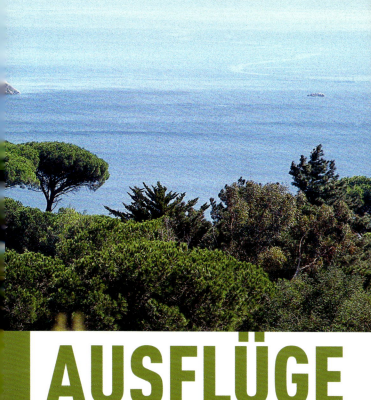

AUSFLÜGE & TOUREN

bis Marciana Marina gibt es keine zuverlässig geöffnete Tankstelle! Rechts in La Pila folgen Sie den Schildern Sant'Ilario in Campo. Es bieten sich erste ☼ Ausblicke auf die Südseite der Insel, den Ort Marina di Campo und seinen sichelförmigen Golf. In Serpentinen schraubt sich die Straße durch Pinienwälder zwischen Felswänden auf ein 200 m hoch gelegenes Plateau mit den mittelalterlichen Bergdörfern Sant'Ilario und San Piero in Campo (S. 59). An Sant'Ilario vorbei erreichen Sie kurz darauf San Piero. In dem hübschen Ort sollten Sie sich Zeit nehmen und die romanische Kirche San Niccolò besichtigen. Vom ☼ Belvedere haben Sie einen herrlichen Rundblick.

Bergab biegen Sie nach etwa 2 km an einer großen Kreuzung auf die Küstenstraße Richtung Marciana ein. Zum Meer führt links eine kleine Straße hinab in die Bucht von Cavoli

(S. 65). Sie fahren weiter nach Seccheto (S. 66) und erreichen kurz vor dem Ende des Dorfs rechts eine schmale asphaltierte Straße mit dem Wegweiser zur landwirtschaftlichen Verkaufsstelle Agricoop Elba (S. 29).

Insider Tipp

Zu diesem kleinen Schlaraffenland geht es etwa 2 km steil bergan (die letzten 50 m sind unbefestigt). Auch laden acht Apartments (2–4 Pers.) zum Bleiben ein *(Mitte Juni–Sept. | Ortsteil Vallebuia | Tel. und Fax 05 65 98 70 35 | www.agricoopelba.it | €)*.

Zurück auf der Küstenstraße umfahren Sie nun die Westspitze der Insel. Vorbei an Fetovaia (S. 70) mit seiner schönen Sandbucht und vorbei am noch kleineren Strand von Le Tombe, nur durch einen steilen Fußpfad zu erreichen und besonders bei Nacktbadern beliebt.

Die nächsten beiden Orte Pomonte (S. 68) und Chiessi (S. 69) liegen an der Mündung zweier Wasserläufe, die sich vom Monte Capanne ins Meer ergießen. Nahezu zwei Jahrtausende lang befand sich hier das Zentrum des Weinbaus auf Elba, während heute wuchernde Macchia die Weinterrassen zurückerobert. Das hier besonders klare Meer vor leuchtend weißen, steil abfallenden Klippen ist nicht nur ein ideales Fotomotiv, sondern auch ein beliebtes Tauchrevier.

Nach der Punta Nera, dem westlichsten Punkt der Insel, biegt die Straße landeinwärts. Sie führt durch Eukalyptus-, Mimosen- und Korkeichenwälder, die immer wieder Blicke aufs Meer freigeben. Etwa 7,5 km hinter Chiessi kommen Sie nach Zanca (S. 64). Aber vor dem Ort sollten Sie links in die steile Straße nach Sant'Andrea (S. 64) abbiegen. Jetzt müsste es Zeit zum Mittagessen sein, und das können Sie hier aufs Beste auf der schönen Terasse des Hotels Barsalini *(in der Hauptsaison vorbestellen! Mitte März–Mitte Okt | Tel. 05 65 90 80 13 | www.hotelbarsalini.com | €)*. Anschließend laden am linken Ende der kleinen Bucht gut zugängliche Felsplatten zum Baden ein.

Insider Tipp

Nun liegt eine kurvenreiche Strecke

Treppenreich: Marciana Alta, der wohl älteste durchgehend bewohnte Ort Elbas

AUSFLÜGE & TOUREN

vor Ihnen. Nach 6 km öffnet sich ein traumhafter ☼ Blick auf die beiden Örtchen Marciana und Poggio am Hang des Monte Capanne.

Je nach Lust und Zeit könnten Sie noch nach Marciana Alta (S. 67) fahren. Die Straße führt in Kehren steil abwärts – der Höhenunterschied auf den nächsten 7,5 km beträgt 350 m! In Marciana Marina (S. 61), dem Hauptort an Elbas Nordküste, folgen Sie der Hauptstraße und im Ortskern dem Schild „Lungomare" zum großen Parkplatz direkt am Wasser. Boutiquen, Restaurants und Bars warten entlang der Uferpromenade und auf der Piazza. Sie können den Tag im gepflegte Restaurant Capo Nord (Tel. 05 65 99 69 83 | €€€) direkt an der Spiaggia La Fenicia am westlichen Ortsende ausklingen lassen. Ab hier führt die Hauptstraße wieder an der nun nicht mehr so steilen ☼ Küste entlang. Mit Blick auf kleine Buchten und übers Meer bis nach Capraia und der kleinen, baumbestandenen Isoletta della Paolina fahren Sie Richtung Procchio und dann zurück nach Portoferraio.

2 MIT DEM MOUNTAINBIKE VON KÜSTE ZU KÜSTE

Möchten Sie Elba von Marciana Marina nach Marina di Campo durchqueren, so sollten Sie sich auf viel Schweiß, aber auch auf unvergessliche Eindrücke gefasst machen. Länge: 20 km, Dauer: 1 Tag

Von Marciana Marina (S. 61) fahren Sie Richtung Marciana Alta in Serpentinen 375 m steil bergan. Marciana Alta rechts liegen lassend, stoßen Sie 300 m nach dem Ortsende links auf das Schild „Cabinovia". Eine steile, kurze Straße führt zur Talstation der kleinen Seilbahn, die Fußgänger in 15 Minuten zum Gipfel des Monte Capanne (S. 68) trägt. Serpentinen steigen von der Talstation weiter durch einen Wald mit uralten Kastanien Richtung Poggio. An einer scharfen Linkskurve bietet sich der Platz um die Fonte Napoleone zu kurzer Rast an, denn hier darf sich jeder kostenlos von der Quelle bedienen.

Auf der Hauptstrecke weiter folgt der Spur hinauf nach Poggio (S. 66). Sie umfahren die Kuppe, auf der sich die uralten Häuser gruppieren. Gleich rechts liegt eines der bekanntesten Restaurants der Insel: ☼ Publius (S. 67), in dem Sie sich für die bisher gestrampelten Kilometer belohnen – und für die noch kommenden stärken können.

Danach fahren Sie die 50 m bis zur Straße Richtung Marina di Campo zurück. Die schmale Straße mit teils gefährlichen Kurven zieht sich den Berg hinauf bis zum ☼ Kamm des Monte Perone (603 m), ein beliebtes Ausflugsziel, zu dem Sie aufsteigen können. Wieder unten, biegen Sie nach einer steilen Rechtskurve durch einen nahezu ebenen Pinienwald, der für alle vorherigen Mühen entschädigt.

Nun geht es flott bergab, nach 1,5 km taucht die romanische Kirche San Giovanni mit eingestürztem Dachgebälk auf, kurz dahinter die Torre di San Giovanni, ein renovierter Wachturm aus pisanischer Zeit, bis Sie an der Kreuzung Sant'Ilario/San Piero in Campo ankommen. Sie fahren nun rechts nach San Piero in Campo (S. 59). Anschließend geht es ca. 4 km weiter den Hang hinunter, an der großen Straßenkreuzung links und dann noch 1 km bis nach Marina di Campo (S. 64).

EIN TAG AUF ELBA
Action pur und einmalige Erlebnisse.
Gehen Sie auf Tour mit unserem Szene-Scout

BUONGIORNO! — 8:00
Ausgeschlafene besorgen sich den Proviant für die erste Mahlzeit des Tages einfach in der Bäckerei ein paar Straßen von der Hafenpromenade entfernt. Mit Espresso und ofenfrischem *cornetto al cioccolato*, einem Schokoladencroissant, zum Hafen spazieren und auf der Kaimauer gemütlich frühstücken. Herrlich! **WO?** *Panificio Murzi Ercole, Via Zara 14 | Marciana Marina | Tel. 565/993 46*

9:00 — WASSERSPASS
Jetzt wird es nass: Mit dem Einmann-Boot gilt es alte Piratenbuchten zu entdecken. Der Guide kennt die Wasserhöhlen und Verstecke der alten Seefahrer – da kommt Fluch-der-Karibik-Feeling auf. **WO?** *Sea Kayak Italy, Via del Sette 12, Marciana Marina | Tel. 565/99 66 09 | Kosten: ab 50 Euro | www.seakayakitaly.it*

PLATZ FÜR DIE KÖNIGIN — 11:00
Francesco und Alessandro Ballini gelten als die erfolgreichsten Imker der Insel und ihr Honig als einer der besten, der sogar in ganz Italien begehrt ist. Wer schon immer in die Geheimnisse rund um Bienenvölker und Königinnen eingeweiht werden wollte, meldet sich in der Azienda Agricola Ballini. **WO?** *Via della Parata, Cavo | Anmeldung unter Tel. 565/94 98 36 oder info@ballini.com | www.ballini.com*

13:30 — LUNCH WITH A VIEW
Hunger? Dann ab ins Restaurant von Beppe Sorrentino und Maurizio Murzi direkt am Wasser der Marina. Einen Platz auf der Terrasse unterm Sonnenschirm ergattern und die Aussicht genießen. Stammgäste schwören auf das Sepia-Carpaccio, also unbedingt probieren! **WO?** *Borgo al Cotone, Via del Cotone 23, Marciana Marina | Tel. 565/90 43 90*

24 h

GIRO DI ELBA
15:00

Auf den Spuren der Weltcupfahrer eine kurze Etappe bezwingen – die 8 Prozent Steigung des Colle Pecorino schaffen auch fitte Anfänger. Am Weg 48 auf den Waldweg abfahren zum Aussichtspunkt mit Blick über die Bucht von Procchio. Plus: Der Rückweg geht bergab! **WO?** *Rent Procchio, Via Provinciale, Procchio | Tel. 565/90 77 83 | Kosten 10 Euro/h | www.rentprocchio.it*

17:00 ### FISCHERS NETZE

Nun sind flinke Finger gefragt: Wie Fischer ihre Netze flicken zeigt Kapitän Enzo im Hafen von Seccheto. Die richtige Fadenführung ist gar nicht so leicht, doch Enzo beweist bei seinem Lehrgang wahre Seemannsqualitäten. **WO?** *Hafen von Seccheto | Anmeldung über Marlies Moertter, Tel. 565/91 72 96 | Kostenfrei*

KULINARISCHE OFFENBARUNG
20:00

Feinschmecker kommen in der *Osteria al Moro* voll auf ihre Kosten: Die Teller zieren frischer Hummer und andere Köstlichkeiten aus dem Meer. Zurücklehnen und den Tag Revue passieren lassen. **WO?** *Osteria al Moro, Pozzo al Moro 10, Campo Nell'Elba | Tel. 565/97 63 58 | www.almoro.it*

22:00 ### IT'S PARTYTIME

Il Tinello ist der Place to be: Die Locals verstehen den Club als ihr zweites Wohnzimmer, daher ist es hier auch unter der Woche immer voll. Am besten im Außenbereich auf den chilligen Sitzecken Platz nehmen, einen kühlen Longdrink bestellen und immer schön im Rhythmus mitgrooven – ab 1 Uhr brodelt die Stimmung! **WO?** *Il Tinello, Casina, Campo Nell'Elba | Tel. 565/97 66 45*

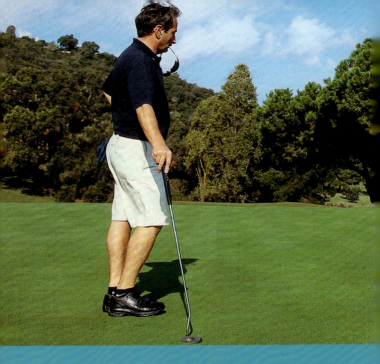

> NICHT NUR WASSERSPORT

Aktivurlauber können sich auf den Inseln in vielen Sportarten erproben

> Auf den Inseln bestimmt das Meer das sportliche Leben, aber Sie können in der hügeligen Landschaft auch bestens Golfen, Reiten, Klettern, Trekken und Biken.

■ BOOTSTOUREN & VERLEIH ■

Bei 3- bis 4-stündigen Bootsfahrten (oder einer Wochenendtour) entlang der Küste oder zu den Nachbarinseln des Archipels lernen Sie mit Führung schnorchelnd die Schönheiten der Insel unter und über Wasser kennen *(Il Genio del Bosco | Via R. Manganaro 7d | Portoferraio | Tel. 05 65 93 08 37 | www.geniodelbosco.it). Bagni Lacona* vermietet Schlauchboote mit E-Starter (bis 8 Pers.), Motor- und Segelboote, Kanus, Jetskier, Surfbretter und Wasserskier *(Spiaggia di Lacona | Tel. 05 65 96 43 64). Spazio Mare* vermietet Schlauch- und Motorboote, Kabinensegler und Kajaks *(Porto Azzurro, Spiaggia La Rossa, Via Veneto, gleich beim Ortseingang*

> www.marcopolo.de/elba

SPORT & AKTIVITÄTEN

rechts | Tel. 056 59 51 12 und 34 86 01 78 63/4 | www.spaziomare.it).

GLEITSCHIRMFLIEGEN

Guiseppe Brotto führt die Gruppe der passionierten Gleitflieger an. Wenn Sie an diesem Sport interessiert sind oder im Zweierschirm über die Insel gleiten wollen, wenden Sie sich an ihn. *Residence Itelba | Ostern–Okt. | Capoliveri, Ortsteil Norsi | Tel. 05 65 94 00 96 | www.itelba.it*

GOLFEN

Für Golfer gibt es zwei Plätze auf der Insel, beide nahe Portoferraio. *Elba Golf Club dell'Acquabona:* auch für Nichtmitglieder mit internationaler Platzreife; Schläger und Bälle können geliehen werden *(9 Löcher | Mitte Feb.–Mitte Jan., in der Nebensaison Mo geschl. | Ortsteil Acquabona, an der Straße von Portoferraio nach Porto Azzurro | Tel. und Fax 05 65 94 00 66 | www.elbagolfacqua*

bona.com). Golf Club Hermitage: Auch dieser 6-Loch-Platz des Hotels Hermitage kann von Nichthausgästen bespielt werden *(April–Mitte Okt. | Ortsteil Biodola | Tel. 05 65 97 40 | www.elba4star.it).*

■ KAJAKFAHREN

Der gut organisierte, bestens ausgestattete *Il Viottolo* veranstaltet Halbtags- und Tagesausflüge oder eine **Umrundung Elbas in sieben Etappen** *(Mitte Juni–Mitte Sept. | Via Pietri 6 | Marina di Campo | Tel. 056 59 97 80 05 | www.ilviottolo.com).*

Insider Tipp

Leinen los! Mit dem Segelboot die Inseln des Toskanischen Archipels entdecken

■ MOUNTAINBIKEN

Auf der Webseite *www.aptelba.it* finden Sie **sechs Routen von unterschiedlicher Länge und Schwierigkeit.** *TWN* vermietet Räder in Portoferraio, Bagnaia, Marina di Campo und Lacona *(Mitte März–Okt. | Tel. 05 65 91 46 66 | www.twn-rent.it).*

Insider Tipp

■ REITEN

Ausritte mit und ohne Begleitung sowie Reitstunden für Erwachsene und Kinder organisiert *L. E. Farms (Juni bis Sept. | Ortsteil Literno | Tel. 05 65 97 90 90 und Mobiltel. 33 93 14 71 79 | l.e.farms@elbalink.it),* und das ganze Jahr über veranstaltet der *Centro Ippico Elbano* Ausritte über die Insel *(Portoferraio, Ortsteil Monte Orello | Mobiltel. 34 76 39 57 04 | el baacavallo@tiscali.it).*

■ SEGELN & SURFEN

In beinahe allen Badeorten gibt es Segelschulen, in denen man auch Boote mieten kann. Die größte deutschsprachige Segelschule auf Elba, *DHH Yachtschule Elba,* bietet Grundkurse schon für 7-Jährige! Den für europäische Binnengewässer gültigen SBF-Schein, den Sportseeschiffer- und andere Scheine können Sie hier in zwei- bis dreiwöchigen Kursen machen *(Portoferraio, Ortsteil Le Grotte del Paradiso | Tel. 05 65 93 33 29 | Deutschland 040/ 44 11 42 50 | www.dhh.de).* **Elba Charter Procchio** ist eine vom DSV anerkannte Segelschule. Auch Törns und Bootsverleih *(Procchio, Vallegrande 4 | Mobiltel. 33 43 79 39 49 | Fax 05 65 90 74 96 | www.segel schule-elba.de).* Das *Segelzentrum Elba* im kleinen Fischerdörfchen

Insider Tipp

SPORT & AKTIVITÄTEN

Bagnaia mit netten Apartments ist besonders auf Segelferien für die ganze Familie eingerichtet *(Ende März–Mitte Okt. | Tel. 05 65 96 10 90 | Deutschland 02236/655 05 | www. segelzentrum-elba.de).*

Surfbretter kann man überall mieten. *Stefano Ferraris* organisiert am Strand von Marina di Campo bei *Zephyr* wöchentliche Kurse für Anfänger und Fortgeschrittene *(Mai–Mitte Okt. | Marina di Campo, Ortsteil La Foce | Mobiltel. 33 89 04 83 48 | www.zephyr-w.com).*

TAUCHEN

Die wechselhafte Küste ist ein Paradies für Taucher. Verboten ist das Tauchen vor den Stränden von Le Ghiaie und im geschützten Meeresreservat von Capo Bianco bei Portoferraio. Flaschentauchern ist die Unterwasserjagd verboten. Wer mit der Harpune auf Fischfang gehen will, muss schnorcheln. *Marelino Sub* ist eine anerkannte Padi-Tauchschule und hat ein breites Kursangebot für Einsteiger, auch auf Deutsch *(Mitte März–Okt. | Capoliveri, Ortsteil Madonna delle Grazie | Mobiltel. 33 33 80 57 51 | www.marelinosub.com).* Dasselbe gilt für die Schule *Spiro Sub Elba* in Marina di Campo *(Via della Foce 27 | Tel. und Fax 05 65 97 61 02 oder Mobiltel. 33 82 68 93 79 | www.spirosub.isoladelba.it)*

TENNIS

Alle größeren Hotels haben eigene Tennisplätze, auf denen meist auch Gäste spielen dürfen. Öffentliche Plätze, ganzjährig bespielbar, liegen am südlichen Stadtrand von Portoferraio *(Tennis Club Isola d'Elba, Ortsteil San Giovanni | Tel. 05 65 91 53 66 | www.elbatennis.it).* Auch der Tennisclubs *Portoazzurro* besitzt drei Plätze *(Porto Azzurro, Ortsteil Santissimo | Mobiltel. 34 06 26 51 04).*

Eine Mountainbiketour über die Insel ist Krafttraining pur mit tollen Ausblicken

TREKKING

Elba ist ideal zum Wandern und besitzt viele markierte Routen. Wanderführer und Spezialkarten der Mineralvorkommen finden Sie in großer Auswahl in der Buchhandlung *Il Libraio* in Portoferraio. Ein- und mehrtägige Trekkingtouren werden organisiert von *Il Viottolo (Mitte Juni bis Mitte Sept. | Marina di Campo, Via Pietri 6 | Tel. 05 65 97 80 05 | www. ilviottolo.com)* und von *Il Genio del Bosco (Portoferraio, Via R. Manganaro 7/d | Tel. 05 65 93 08 37 | www. geniodelbosco.it).* Gute Trekkingrouten gibt's auch bei *www.aptelba.it.*

> LANGEWEILE GIBT ES AUF ELBA FÜR KINDER NICHT

Mit ein wenig Phantasie wird Elba zur Abenteuerinsel, die es per Boot oder Mountainbike zu entdecken gilt

> **Italiener lieben Kinder über alles, doch Spielplätze oder Freizeitparks suchte man bis vor wenigen Jahren vergebens, ebenso Kindermenüs im Restaurant.**
Inzwischen ist Italien das Land mit der niedrigsten Geburtenrate Europas geworden – und der kostbare Nachwuchs wird plötzlich überall umsorgt und verhätschelt. Schaukeln vor dem Restaurant und Kindersitze sind keine Seltenheit mehr, und der Wirt serviert den Kleinen gern eine *mezza porzione*, eine halbe Portion, Spaghetti. Und die Gemeinden haben sich etwas überlegt, was jungen Eltern und ihren Kindern manchmal gleichermaßen Spaß macht: Vergnügungsparks. Wenn ein steifer Wind pfeift und am Strand die rote Flagge gehisst wird, ist ein solcher Park als Alternative der Hit.

Sandstrände gibt es nicht allzu viele auf Elba, also findet das so beliebte Bauen von Sandburgen selte-

Bild: Mineraliensuche im alten Bergwerk

MIT KINDERN REISEN

ner statt, aber wie wäre es mit einem Abenteuerausflug per Boot, einer Trekking- oder Mountainbiketour oder einer Seilbahnfahrt? Und überall auf der Insel gibt es Schwimm-, Tauch-, Segel- oder auch Tenniskurse. Planen Sie solche Aktivitäten schon vor der Reise und lassen Sie sie am besten bereits durch das Hotel buchen. Während der Hauptsaison finden auch spezielle Veranstaltungen für Kinder, z.B. Reit-, Tauch- und Schwimmwettbewerbe statt, und bei den vielen Volksfesten gibt es Amüsantes und Interessantes auch für die Kleinen.

PORTOFERRAIO
MOTONAVI NAUTILUS

Insider Tipp

Bequem und trocken können Sie die Unterwasserwelt um Elba von Bord der beiden Nautilusschiffe betrachten, deren 80 m²-Rumpf vollkommen aus Glas ist.

Das erste Nautilus umrundet in zwei Stunden morgens von *Portoferraio* [111 E2] aus die weitgehend unberührte Halbinsel mit der einzigartigen Steilküste Richtung Westen, über das Kap Enfola hinaus, bis in den Golf von Viticcio – ein beliebtes Tauchrevier *(April–Mitte Okt., Abfahrt 10.30 Uhr).*

Am Nachmittag sticht die andere Nautilus in *Marciana Marina* [109 E1] in See und fährt entlang der Westküste bis zum Wrack eines Schiffs, das vor etwa 30 Jahren unterging und bei den Klippen von Ogliera vor Pomonte auf Grund liegt *(Abfahrt Ostern–Juni tgl. 15.30 und Juli bis Mitte Sept. auch 17 Uhr, Ende März bis Juni und Mitte Sept.–Mitte Okt. tgl. 15.30 Uhr). Die Fahrten kosten für Erwachsene 15 Euro, Kinder bis zu 12 Jahren 8 Euro, Fahrkarten an Bord | Info und Reservierung Mobiltel. 32 87 09 54 70*

■ DER OSTEN

ELBALAND [111 E3]

Auf dem 120 000 m² großen, hügeligen Spielgelände können sich die Kinder richtig austoben: Hirsche und Rehe bewegen sich in freier Wildbahn, auf einem großen See schwimmen Schwäne, in einer Einfriedung leben Strauße und Pfauen. Die Kids können im Pinienhain Picknick machen, Minigolf spielen, in Kletterburgen toben oder in einer der Hängematten schaukeln. Gleich beim Eingang wurden ein Spielplatz und eine Bar angelegt. *März–Mitte Juni und Mitte Sept.–Nov. tgl. 10–19, Mitte bis Ende Juni und Mitte–Ende Sept. tgl. 10–23, Juli/Aug. tgl. 11–24 Uhr, Ostern–Juni und Sept.–Nov. Mo geschl. | Ortsteil Fonte Murata | Straße Portoferraio–Porto Azzurro, an der Kreuzung nach Bagnaia | Eintritt 7 Euro, Kinder 2–14 Jahre 9 Euro | www.elbaland.com*

PARCO GIOCHI AMADEUS [115 E2]

Etwa 1 km außerhalb von Porto Azzurro an der Straße nach Rio Marina wurde ein 15 000 m² großes Gelände oberhalb des Golfo di Barbarossa zu einem Vergnügungspark für Kinder und Erwachsene ausgebaut. Für die Kleinsten gibt es viele Luftkissenattraktionen, Schaukeln, Rutschen und vieles mehr, für die Größeren u. a. einen 18-Loch-Minigolfplatz und eine Gokartpiste auf Kunsteis. Man kann mit kleinen Elektrojeeps durch das Gelände düsen, und an heißen Tagen sorgt eine Fahrt im Acquascooter für ersehnte Abkühlung. Pizzeria, Pub und am Abend Tanzmusik. *Ostern bis Sept. tgl. 17–2 Uhr | Ortsteil Sassi Turchini | kein Eintritt – man bezahlt, was man benutzt | www.parcogiochiamadeus.it*

LA PICCOLA MINIERA/
MUSEO MINERARIO ETRUSCO [115 D3]

Mit dem Zug durchs Bergwerk: In der „kleinen Mine" fahren Sie eine Viertelstunde durch einen Stollen und bekommen dabei alles Wissenswerte erklärt (auf Italienisch, wenn Sie Glück haben, aber auch auf Deutsch). Und selbst ohne Italienischkenntnisse ist die Fahrt für Kids spannend. Im etruskischen Mineralienmuseum daneben können Sie sehen, wie schon vor über 3000 Jahren Mineralien abgebaut und verarbeitet wurden. *März–Okt. tgl. 9–13 und 15–18, Juni bis 20 Uhr, Juli–Mitte*

> *www.marcopolo.de/elba*

MIT KINDERN REISEN

Sept. auch 21–23 Uhr, Bergwerkfahrt um 11.30 und 16.30 Uhr | Porto Azzurro, Ortsteil Pianetto, rechts an der Straße nach Rio Marina | Eintritt Erwachsene: kompletter Rundgang 9 Euro, nur Mine 7 Euro, nur Museum 3 Euro; Eintritt Kinder 5–12 Jahre: kompletter Rundgang 7,50 Euro, nur Mine 5,50 Euro, nur Museum 2 Euro | www.lapiccolaminiera.it

DER WESTEN

DUNA PARK [111 D5]

Am westlichen Ortseingang von Lacona befindet sich auf 20 000 m² ein Freizeitpark, in dem auch an die Kleinsten gedacht wurde: Trampoline, aufgeblasene Luftschlösser und Burgen zum Rumspringen, ein Spielplatz sowie Minigolf und eine Bar für die Großen. *Mai–Mitte Juni tgl. 14–20, Mitte Juni–Mitte Sept. tgl. 18–2 Uhr (je nach Wetter!) | Ortsteil Lacona, Viale dei Golfi | kein Eintritt – man zahlt, was man benutzt*

L'ISOLA DEI PIRATI [110 A4]

Auf der Verbindungsstraße von Procchio nach Marina di Campo gelegen, können Kinder ihre ersten Fahrkünste auf der dort eingerichteten Gokartpiste testen, während die ganz Kleinen auf dem Spielplatz nebenan Pirat spielen *(Campo nell'Elba, Ortsteil Zuffale | Ostern–Sept. tgl. 16–24 Uhr | Gokart 8 Min. 10 Euro)*. Dazugehörig ist im Zentrum von Marina di Campo auch ein farbenfrohes Kinderkarussell, das sich ebenfalls für die Jüngeren bis spät in die Nacht dreht *(Pinetina Macchioni | Ostern–Sept. tgl. 16–24 Uhr | kein Eintritt – man zahlt, was man benutzt | www.isoladeipirati.it)*.

Auf Elba hoch zu Ross – Ponyreiten macht vor allem den kleinen Mädchen Spaß

> VON ANREISE BIS ZOLL

Urlaub von Anfang bis Ende: die wichtigsten Adressen und Informationen für Ihre Elbareise

ANREISE

AUTO

Von Deutschland aus können Sie Elba über Österreich, den Brenner, Verona, La Spezia und Livorno erreichen, oder Sie fahren über die Schweiz durch den St.-Gotthard-Tunnel, über Bellinzona, Mailand, Genua und Livorno. Endpunkt ist in beiden Fällen der Fährhafen Piombino, von dem ganzjährig mehrmals täglich Fährschiffe nach Elba fahren.

Angelaufen werden außer dem Haupthafen Portoferraio auch Cavo, Porto Azzurro und Rio Marina. Besonders im Sommer ist eine Reservierung dringend erforderlich, da es sonst zu Wartezeiten von mehreren Stunden kommen kann. Wenn Sie eine Platzkarte für Ihr Auto haben (erhältlich auch über deutsche Reisebüros), sollten Sie mindestens eine Stunde vor Auslaufen der Fähre am Kai sein. In Piombino ist der Weg zum Hafen durch die Bezeichnung *porto/imbarco* ausgeschildert.

BAHN

Umsteigebahnhof zum Einschiffungshafen Piombino ist Campiglia Marittima an der Strecke von Livorno nach Rom. Die Schifffahrtsgesellschaft *Toremar* ist der Bahn angegliedert. Sie können also eine Fahrkarte bis zum Ankunftshafen Portoferraio auf Elba durchlösen.

> WWW.MARCOPOLO.DE

Ihr Reise- und Freizeitportal im Internet!

> Aktuelle multimediale Informationen, Insider-Tipps und Angebote zu Zielen weltweit ... und für Ihre Stadt zu Hause!

> Interaktive Karten mit eingezeichneten Sehenswürdigkeiten, Hotels, Restaurants etc.

> Inspirierende Bilder, Videos, Reportagen

> Kostenloser 14-täglicher MARCO POLO Podcast: Hören Sie sich in ferne Länder und quirlige Metropolen!

> Gewinnspiele mit attraktiven Preisen

> Bewertungen, Tipps und Beiträge von Reisenden in der lebhaften MARCO POLO Community: *Jetzt mitmachen und kostenlos registrieren!*

> Praktische Services wie Routenplaner, Währungsrechner etc.

Abonnieren Sie den kostenlosen MARCO POLO Newsletter ... wir informieren Sie 14-täglich über Neuigkeiten auf marcopolo.de!

Reinklicken und wegträumen!
www.marcopolo.de

> MARCO POLO speziell für Ihr Handy! Zahlreiche Informationen aus den Reiseführern, Stadtpläne mit 100 000 eingezeichneten Zielen, Routenplaner und vieles mehr.
mobile.marcopolo.de (auf dem Handy)
www.marcopolo.de/mobile (Demo und weitere Infos auf der Website)

PRAKTISCHE HINWEISE

FLUGZEUG

Von Bern, Friedrichshafen, München, Wien und Zürich gibt es während der Saison mehrmals wöchentlich Direktverbindungen. Vom Festland wird die Insel außerdem beinahe täglich von Mailand, Florenz und Pisa angeflogen *(Infos über www.elbafly.it)*. Die Flugsicherheit Marina di Campo gibt bei Schlechtwetter Auskunft, ob überhaupt geflogen wird *(Tel. 05 65 97 60 11)*. Flugtickets bei Agenzia Tesi | Calata Italia 8 | 57037 Portoferraio | Tel. 05 65 93 02 12 | Fax 05 65 91 53 68

■ AUSKUNFT VOR DER REISE ■

STAATLICHES ITALIENISCHES FREMDENVERKEHRSAMT ENIT
– *Neue Mainzer Str. 26 | 60311 Frankfurt/Main | Tel. 069/23 74 34 | Fax 23 28 94 | enit.ffm@t-online.de*
– *Kärntnerring 4 | 1010 Wien | Tel. 01/505 16 39 | Fax 505 02 48 | info@enit.at*
– *Uraniastr. 32 | 8001 Zürich | Tel. 043/466 40 40 | Fax 466 40 41 | info@enit.ch*
– *Schriftliche Infos können Sie in Italien gratis anfordern unter Tel. 800 86 32 35*

■ AUSKUNFT AUF ELBA ■

AZIENDA PER IL TURISMO DELL' ARCIPELAGO TOSCANO (APT)
Calata Italia 26 | 57037 Portoferraio | Tel. 05 65 91 46 71 | Fax 05 65 91 46 72 | www.aptelba.it

SERVIZIO ASSISTENZA TURISTA
Telefonischer Infodienst von Juni bis August – auch auf Deutsch *(tgl. 8–20 Uhr | Tel. 05 65 94 49 77)*. Deutschsprachige Touristen bilden eine große Gruppe unter den Urlaubern auf der Insel. Deshalb erscheint monatlich von Mai bis Sept. *Pronto Elba* (2 Euro) zweisprachig mit vielen aktuellen Terminen; nur um Ostern bekommt man den *Elba-Spiegel* (3 Euro) mit Hintergrundgeschichten zum Inselleben und praktischen Tipps für den Urlaub *(Infos über Elvira Korf | Tel. und Fax 05 65 97 77 77)*.

■ AUTO ■

Italien hat ein paar besondere Verkehrsbestimmungen: Wie bei uns liegt die Alkoholgrenze bei 0,5-Promille, und Sie müssen sich anschnallen. Doch vor engen, unübersichtlichen Kurven muss gehupt werden, außerhalb geschlossener Ortschaften müssen Sie immer mit Abblendlicht fahren, und an schwarzgelb markierten Kantsteinen ist Parken verboten. Für den Fall einer Panne ist stets eine Warnweste mitzuführen. Auf Elba gibt es einen staatlichen Abschleppdienst *(servizio di rimorchio):* Soccorso Stradale (Tel. 80 31 16) und einen privaten: *Romano Brandi (Tel. 05 65 91 43 48).* Selbstständiges Abschleppen ist verboten.

Tankwarte bedienen in allen größeren Orten und an den Ausfallstraßen *Mo–Sa 8–12.30* und *15.30–19.30*

Uhr. Meist ist eine Tankstelle zum Sonntagsdienst eingeteilt und an den geschlossenen angezeigt. Verbreitet sind Tankautomaten.

BANKEN

Banken sind im Allgemeinen *Mo–Fr 8.20–13.20 Uhr* geöffnet, in größeren Orten teilweise auch *nachmittags ab 14.45 Uhr* für eine Stunde. Fast alle Bankfilialen haben rund um die Uhr zugängliche Bankomaten für EC- und Kreditkarten.

BUS

Elba ist von einem dichten Busnetz überzogen. Die Fahrkarten gibt es an Automaten oder in Zeitschriftenkiosken. Im Bus kann man keine Fahrkarten lösen! Bei der Elbabuslinie *ATL (Portoferraio | Viale Elba 20 | Tel. 05 65 91 47 83)* können Sie mit einer für die ganze Insel gültigen Tageskarten zu 7 Euro fahren (6-Tagekarte 19 Euro). Außerdem gibt es im Sommer von fast allen Orten einen stündlichen *Bus-Shuttle-Service* zu den Stränden (Einfachfahrt ab 1 Euro).

CAMPING

Camping auf Elba ist teuer. Einmaliges Übernachten im Camper auf Park- und Rastplätzen entlang des Reisewegs wird geduldet. Für Wohnmobile ausgestattete Parkplätze finden Sie in Cavo *(Tel. 05 65 94 97 24)*, Procchio *(Mobiltel. 33 84 98 12 07)* und in Marina di Campo/La Pila *(Tel. 32 87 14 75 65)*. Alle Plätze haben Strom- und Wasseranschluss. Toiletten und Duschen sind kostenpflichtig. Infos erhalten Sie bei *Faita Associazione Campeggi Isola d'Elba | Calata Italia 26 | Portoferraio | Tel. 05 65 93 02 08 | Fax 05 65 91 30 28 | www.campingelba.net*

DIPLOMATISCHE VERTRETUNGEN

DEUTSCHES HONORARKONSULAT
Corso dei Tintori 3 | 50122 Florenz | Tel. 05 52 34 35 43 (Mo–Fr 9.30 bis 12.30 Uhr) | Fax 055 29 47 22

ÖSTERREICHISCHES KONSULAT
Lungarno Vespucci 58 | 50123 Florenz | Tel. 05 52 65 42 22 (Mo–Fr 10–12 Uhr) | Fax 055 29 54 57

SCHWEIZER HONORARKONSULAT
Hotel Park Palace | Piazzale Galileo 5 | 50125 Florenz | Tel. 055 22 24 31 (Do und Fr 16–17 Uhr) | Fax 055 22 05 17

EINREISE

Die Vorlage von Pass oder Personalausweis an der Grenze zu Italien ist für Deutsche und Österreicher nicht mehr nötig. Trotzdem müssen Sie ein Personalpapier dabeihaben. Das gilt auch für Kinder bis 16 Jahren. Für sie reicht aber weiterhin der Eintrag in den Pass der Eltern.

FÄHRBETRIEB

Von Piombino aus laufen die Fährgesellschaften *Toremar* und *Mobylines* die Insel Elba in Portoferraio an, Toremar fährt auch nach Rio Marina, Cavo und Porto Azzurro *(in der Hochsaison etwa stündliche Abfahrt, Hinfahrt ca 6–21 Uhr, Rückfahrt ca. 6.30–20 Uhr)*. Beide Linien bieten einen guten Online-Buchungsservice an *(www.toremar.it und www.mobylines.it)*. Sie können natürlich auch

PRAKTISCHE HINWEISE

am Hafen direkt Tickets kaufen. Der einfache Fahrpreis beträgt für einen Passagier ca. 7–10 Euro, für einen Mittelklassewagen ca. 20 30 Euro. Bei Buchung übers Internet kann man manchmal ein Schnäppchen machen: Hin und wieder gibt es Autotickets für nur 1 Euro!

Mit dem Tragflächenboot *(aliscafo)* können Personen in 25 Minuten zur Insel befördert werden; Fahrpreis während des ganzen Jahres rund 10 Euro.

GESUNDHEIT

Wer einer gesetzlichen Krankenversicherung angehört, sollte sich vor Reiseantritt einen Anspruchsausweis oder einen Auslandskrankenschein ausstellen lassen. Das Formular E 111 berechtigt zur kostenlosen medizinischen Behandlung. Das Krankenhaus *(ospedale)* der Insel liegt im Ortsteil San Rocco in Portoferraio. Die Öffnungszeiten der Apotheken *(farmacia)* sind normalerweise Mo–Fr 9–12.30 und 16–19.30, teilweise 17–20.30 Uhr, samstags oft nur vormittags. Bereitschaftsdienste für Sonn- und Feiertage sind angezeigt.

INTERNET

Die Internetseite *www.elbanet.it* führt etwa 250 Elba-Homepages in mehreren Sprachen auf. Umfangreiche Informationen zu Hotels, Campingplätzen, Ferienwohnungen, Sport- und Freizeitveranstaltungen sowie andere Reiseinfos in deutscher Sprache findet man bei *www.elba-online.com* und *www.elbatours.com*. Verlässliche Ratgeber für die Urlaubsplanung sind auch *www.infoelba.net* und *www.elbalink.it*. Viel Bildmaterial und Reiseberichte hat *www.elbahome.de* und *www.virtualelba.it*. Alles Wissenswerte über den gesamten toskanischen Archipel erfährt man unter *www.arcipelagotoscano.com* oder unter *www.arcipelago.turismo.toscana.it*

INTERNETCAFÉS & WLAN

In fast allen Hotels hat man mittlerweile Internetanschluss, auch im Zimmer. Wlan ist hingegen auf den

WAS KOSTET WIE VIEL?

> **KAFFEE** — **90 CENT** in der Stehbar für eine Tasse Espresso

> **EIS** — **1,80 EURO** für eine große Kugel Eis

> **WEIN** — **AB 2 EURO** für ein Glas Wein

> **MENÜ** — **AB 10 EURO** im Selfservice

> **BENZIN** — **CA. 1,55 EURO** für einen Liter Super

> **BUSTICKET** — **1 EURO** für eine einfache Fahrt, Shuttleservice zu den Stränden

Inseln noch schwer zu finden. Internet Points: Portoferraio – *Bar Arcobaleno* (Via Carpani 99), *Bar dell'Arcipelago* (Piazzale dell'Arcipelago Toscano) und *Ristorante da Ciro* (Via Vittorio Emanuele II 14); Marina di Campo – *Internet Planet*

(Via Pietri 20) und *Virtual Office (Via Garibaldi 14)*; Capoliveri – *Ideal Point Multimedia (Via Calamita 10)*; Marciana Marina – *Foto Berti (Via Scali Lazzini 10)*.

■ MIETFAHRZEUGE

Wer mit Bahn oder Flugzeug anreist, sollte am besten schon vor der Reise ein Mietfahrzeug buchen.

TWN AUTONOLEGGIO

Es gibt vier verschiedene Servicecenter, an denen PKWs verschiedener Größen und Fabrikate, Motorräder, Vespas, Fahrräder, Mountainbikes und Kanus abgeholt und abgegeben werden können. Und zwar außer in Portoferraio in Bagnaia, in Lacona und in Marina di Campo. Bei Vorbestellung gibt es 10 Prozent Rabatt, für Marco-Polo-Besitzer ebenfalls. *Nov.–Ostern geschl.* | *Hauptbüro in Portoferraio* | *Viale Elba 32 (Busbahnhof)* | *Tel. 05 65 91 46 66, Mobiltel. 32 92 73 64 12* | *Fax 05 65 91 50 83* | *www.twn-rent.it www.zoll.de*

■ NOTRUFE

– *Polizei 113*
– *Carabinieri (bei Verbrechen) 112*
– *Feuerwehr (vigili del fuoco) 115*
– *Pannenhilfe (rimorchio) 80 31 16*
– *Seenotruf 15 30 oder 167 09 00 90*
– *Medizinischer Notdienst (pronto soccorso) 118 (Rettungswagen) und 800 06 44 22*

■ POST

Postämter haben *Mo–Fr 8.15–13.30, Sa bis 12 Uhr* geöffnet *(in Portoferraio Mo–Fr bis 19 Uhr).* Briefmarken gibt es auch in den Tabakläden *(tabacchi)*, gekennzeichnet durch ein weißes T auf schwarzem Grund. Postkarten und Briefe bis 20 g innerhalb der EU kosten 65 Cent und innerhalb Italiens 60 Cent.

WETTER IN PORTOFERRAIO

	Jan.	Feb.	März	April	Mai	Juni	Juli	Aug.	Sept.	Okt.	Nov.	Dez.
Tagestemperaturen in °C	12	13	15	20	23	26	28	29	26	23	17	14
Nachttemperaturen in °C	6	7	8	11	14	18	21	20	18	14	11	8
Sonnenschein Std./Tag	3	4	5	7	9	10	10	10	8	6	4	3
Niederschlag Tage/Monat	7	7	7	6	5	2	1	2	5	6	8	9
Wassertemperaturen in °C	14	13	13	19	20	24	26	27	24	20	17	15

PRAKTISCHE HINWEISE

RAUCHEN

In Italien herrscht in allen öffentlichen Verkehrsmitteln und Gebäuden wie Restaurants, Bars, Diskos etc., in denen keine abgetrennte Raucherzone eingerichtet wurde, striktes Rauchverbot. Bei Missachtung dohen hohe Geldstrafen!

STROM

Die Spannung beträgt 220 Volt. Oft passen nur flache Stecker, deshalb lieber einen Adapter mitnehmen.

TAXI

Der Haupttaxistand von Portoferraio ist an der Mole, wo die Fährschiffe anlegen *(Tel. 05 65 91 51 12)*. Ein Taxi kostet ab 50 Euro/Stunde. Für alle, die schneller als mit dem Bus zu ihrem Ferienort wollen, hier ein paar Durchschnittspreise für Fahrtrouten: Biodola 18 Euro, Capoliveri 26–30 Euro, Marciana Marina 28,50 Euro, Marina di Campo 25,50 Euro, Porto Azzurro 24 Euro, Procchio 18–20 Euro, Rio Marina 31 Euro, und Zanca 44 Euro. Eine Fahrt um die schöne Westseite der Insel kostet für vier Personen etwa 150 Euro.

TELEFON & HANDY

Das Handy heißt in Italien *cellulare* oder *telefonino*. Für Auslandsgespräche vom Festnetz benutzen Sie am besten eine *scheda telefonica internazionale* (zu 7, 13, 25 und 50 Euro). Herkömmliche Telefonkarten *(scheda telefonica* zu 1–10 Euro*)* werden nur noch wenig benutzt; sie erhalten beide in Bars, Tabakgeschäften oder Zeitungskiosken (vor Benutzung perforierte Ecke abreißen!). Unter Tel. 800 17 24 90 können Sie ein R-Gespräch herstellen lassen oder mit Kreditkarte bezahlen (Anweisungen in Deutsch). Vorwahlen von Italien nach Deutschland: 0049, nach Österreich: 0043, in die Schweiz: 0041,

Mit Schaufel, Eimer und Flossen gut gerüstet für alle Wasseraktivitäten

dann die Ortskennzahl ohne Null und anschließend die Rufnummer. Vorwahl nach Italien: 0039, dann die Festnetzrufnummer mit Null!

TRINKGELD

In Italien ist es generell üblich, eine Rechnung für den ganzen Tisch auszustellen – aufteilen müssen Sie unter sich. Beim Gehen sollten Sie ca. 10 Prozent als Trinkgeld auf dem Tisch liegen lassen.

ZOLL

Für Reisende aus EU-Staaten sind sämtliche Waren für den persönlichen Bedarf zollfrei. Für Schweizer und bei Durchfahrt durch die Schweiz sind 200 Zigaretten oder 50 Zigarren oder 250 g Tabak, 1 l Spirituosen über 15 Prozent und 2 l unter 15 Prozent zollfrei. *www.zoll.de*

> PARLI ITALIANO?

„Sprichst du Italienisch?" Dieser Sprachführer hilft Ihnen,
die wichtigsten Wörter und Sätze auf Italienisch zu sagen

Aussprache

c, cc	vor „e, i" wie deutsches „tsch" in deutsch, Bsp.: die**c**i, sonst wie „k"
ch, cch	wie deutsches „k", Bsp.: pa**cch**i, **ch**e
ci, ce	wie deutsches „tsch", Bsp.: **ci**ao, **ci**occolata
g, gg	vor „e, i" wie deutsches „dsch" in Dschungel, Bsp.: **g**ente
gl	ungefähr wie in „Familie", Bsp.: fi**gl**io
gn	wie in „Kognak", Bsp.: ba**gn**o
sc	vor „e, i" wie deutsches „sch", Bsp.: u**sc**ita
sch	wie in „Skala", Bsp.: I**sch**ia
sci	vor „a, o, u" wie deutsches „sch", Bsp.: la**sci**are
z	immer stimmhaft wie „ds"

Ein Akzent steht im Italienischen nur, wenn die letzte Silbe betont wird. In den
übrigen Fällen haben wir die Betonung durch einen Punkt unter dem betonten Vokal
angegeben.

■ AUF EINEN BLICK

Ja./Nein./Vielleicht.	Sì./No./Forse.
Bitte./Danke./Vielen Dank!	Per favore./Grazie./Tante grazie.
Gern geschehen.	Non c'è di che!
Entschuldigen Sie!	Scusi!
Wie bitte?	Prego?/Come, scusi?/Come dice?
Ich verstehe Sie/dich nicht.	Non La/ti capisco.
Ich spreche nur wenig …	Parlo solo un po' di …
Können Sie mir bitte helfen?	Mi può aiutare, per favore?
Ich möchte …	Vorrei …
Das gefällt mir (nicht).	(Non) mi piace.
Haben Sie …?	Ha …?
Wie viel kostet es?	Quanto costa?
Wie viel Uhr ist es?	Che ore sono?/Che ora è?

■ KENNENLERNEN

Guten Morgen!/Tag!	Buon giorno!
Guten Abend!	Buona sera!
Gute Nacht!	Buona notte!
Hallo!/Grüß dich!	Ciao!
Wie geht es Ihnen/dir?	Come sta?/Come stai?
Danke. Und Ihnen/dir?	Bene, grazie. E Lei/tu?
Auf Wiedersehen!	Arrivederci!

> *www.marcopolo.de/elba*

SPRACHFÜHRER ITALIENISCH

Tschüss!	Ciao!
Bis bald!	A presto!
Bis morgen!	A domani!

UNTERWEGS

AUSKUNFT

links/rechts	a sinistra/a destra
geradeaus	diritto
nah/weit	vicino/lontano
Wie weit ist es zum/zur?	Quanto ci vuole per andare a …?
Bitte, wo ist …	Scusi, dov'è …?
… der Bahnhof?	… la stazione?
… der Busbahnhof?	… l'autostazione?
… der Flughafen?	… l'areoporto?
Zum … Hotel.	all'albergo …
Überqueren Sie …	Attraversi …
… die Brücke.	… il ponte.
… den Platz.	… la piazza.
… die Straße.	… la strada.
Welche Linie fährt nach …?	Qual è la linea che va a …?
Wo muss ich aussteigen?	Dove devo scendere?
Wo muss ich umsteigen?	Dove devo cambiare?
Wo kann ich den Fahrschein kaufen?	Dove si comprano i biglietti?
Bitte, einen Fahrschein nach …	Un biglietto per …, per favore.
Ausstieg	discesa
Einstieg	salita
Endstation	capolinea
Fahrplan	orario
Haltestelle	la fermata

BESICHTIGUNGEN

Ich möchte einen Stadtplan.	Vorrei una pianta della città.
Wann beginnt die Führung?	Quando comincia la visita con la guida?
Ausstellung	mostra/esposizione
Bild	quadro
Denkmal	monumento
Friedhof	cimitero
Galerie	galleria (d'arte)
Gebäude	edificio

Gemälde	dipinto
Kirche	chiesa
Kirchturm	campanile
Maler	pittore
Palast	palazzo
Plastik	scultura
Theater	teatro
Turm	torre
Zeichnung	disegno

ESSEN/UNTERHALTUNG

Wo gibt es hier …	Scusi, mi potrebbe indicare …
… ein gutes Restaurant?	… un buon ristorante?
… ein typisches Restaurant?	… un locale tipico?
Gibt es in der Nähe eine Eisdiele?	C'è una gelateria qui vicino?
Reservieren Sie uns bitte für heute Abend einen Tisch für vier Personen.	Può riservarci per stasera un tavolo per quattro persone?
Auf Ihr Wohl!	(Alla Sua) salute!
Bezahlen, bitte.	Il conto, per favore.
Hat es geschmeckt?	Andava bene?
Das Essen war ausgezeichnet.	(Il mangiare) era eccellente.
Haben Sie einen Veranstaltungskalender?	Ha un programma delle manifestazioni?

EINKAUFEN

Wo finde ich …	Dove posso trovare …
… eine Apotheke?	… una farmacia?
… eine Bäckerei?	… un panificio?
… ein Fotogeschäft?	… un negozio di articoli fotografici?
… ein Kaufhaus?	… un grande magazzino?
… ein Lebensmittelgeschäft?	… un negozio di generi alimentari?
… den Markt?	… il mercato?
… einen Supermarkt?	… un supermercato?
… einen Tabakladen?	… un tabaccaio?
… einen Zeitungshändler?	… un giornalaio?

ÜBERNACHTEN

Können Sie mir bitte … empfehlen?	Scusi, potrebbe consigliarmi …
… ein Hotel …	… un albergo?
… eine Pension …	… una pensione?
Ich habe bei Ihnen ein Zimmer reserviert.	Ho prenotato una camera.
Haben Sie noch …	È libera …

> *www.marcopolo.de/elba*

SPRACHFÜHRER

… ein Einzelzimmer? … una singola?
… ein Zweibettzimmer? … una doppia?
… mit Dusche/Bad? … con doccia/bagno?
… für eine Nacht? … per una notte?
Was kostet das Zimmer … Quanto costa la camera …
… mit Frühstück? … con la prima colazione?
… mit Halbpension? … a mezza pensione?

PRAKTISCHE INFORMATIONEN

ARZT

Können Sie mir einen guten Arzt empfehlen?	Mi può consigliare un buon medico?
Ich habe Durchfall.	Ho la diarrea.
Ich habe …	Ho …
… Fieber.	… la febbre.
… Kopfschmerzen.	… mal di testa.
… Zahnschmerzen.	… mal di denti.

POST

Was kostet …	Quanto costa …
… ein Brief …	… una lettera …
… eine Postkarte …	… una cartolina …
nach Deutschland?	per la Germania?

ZAHLEN

0	zero	19	diciannove
1	uno	20	venti
2	due	21	ventuno
3	tre	30	trenta
4	quattro	40	quaranta
5	cinque	50	cinquanta
6	sei	60	sessanta
7	sette	70	settanta
8	otto	80	ottanta
9	nove	90	novanta
10	dieci	100	cento
11	undici	101	centouno
12	dodici	200	duecento
13	tredici	1000	mille
14	quattordici	2000	duemila
15	quindici	10000	diecimila
16	sedici		
17	diciassette	1/2	un mezzo
18	diciotto	1/4	un quarto

Hafen von Porto Azzurro

> UNTERWEGS AUF ELBA

Die Seiteneinteilung für den Reiseatlas finden Sie auf dem hinteren Umschlag dieses Reiseführers

REISE ATLAS

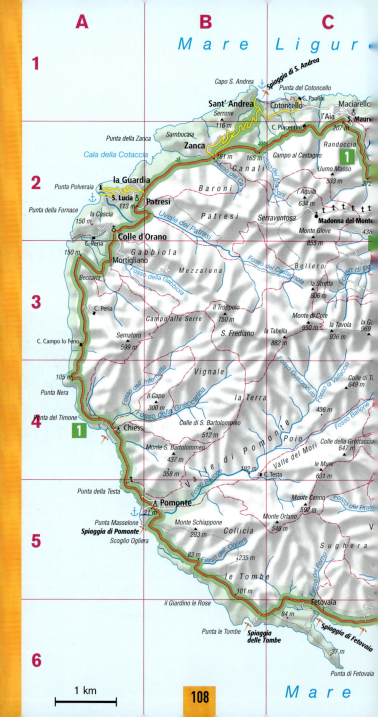

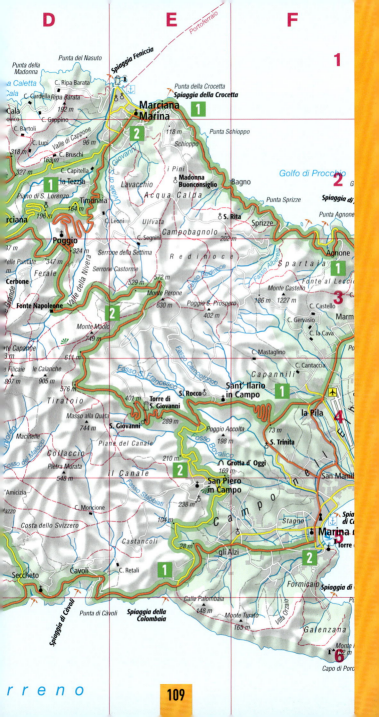

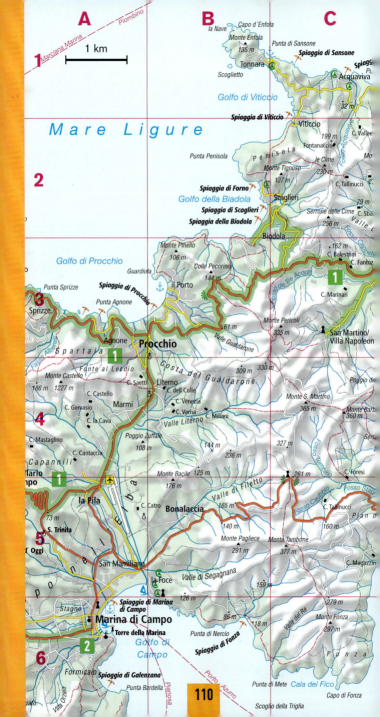

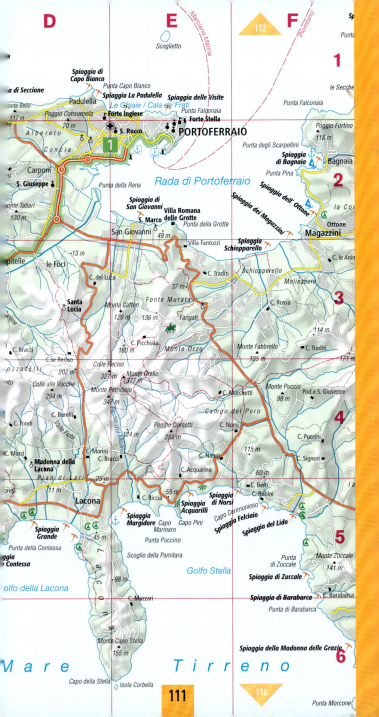

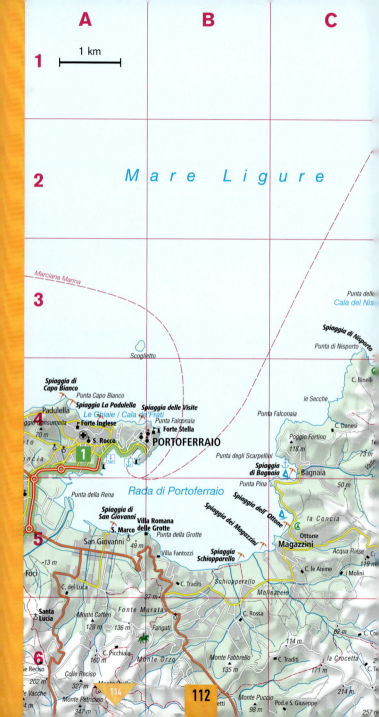

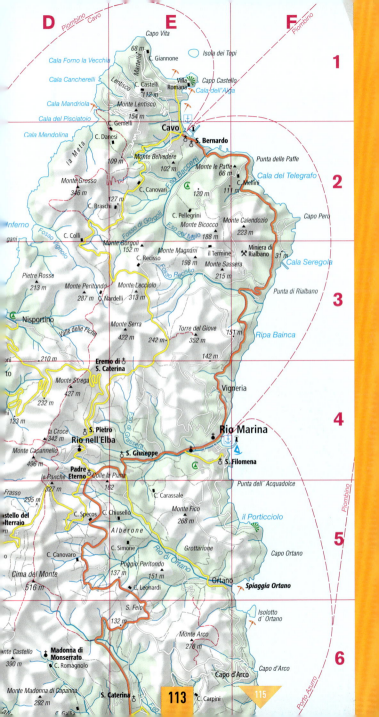

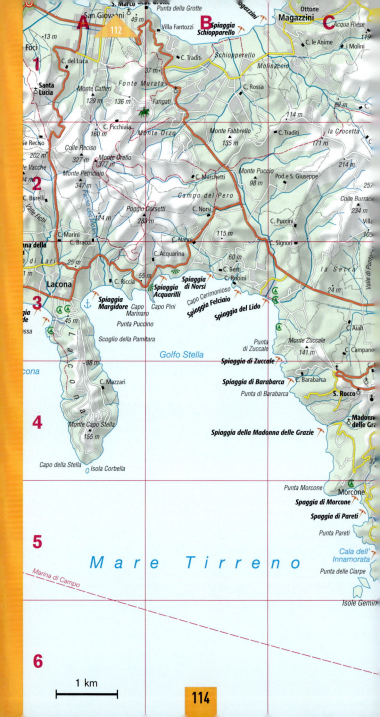

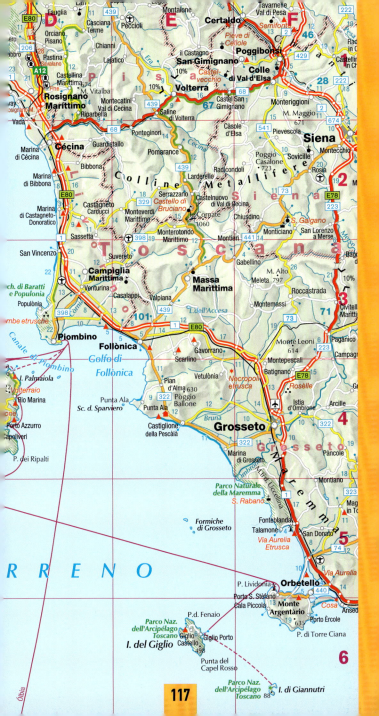

KARTENLEGENDE

═══	Schnellstraße / Clearway	♃	Kirche / Church
▬▬▬	Hauptstraße / Main road	☥	Kapelle / Chapel
───	Verbindungsstraße / Communication road	t	Wegkreuz / Roadside cross
- - -	Nebenstraßen / Secondary road	⚑	Burg; Burgruine / Castle; castle ruin
·····	Fahrweg / Track	⚐	Burgruine / Castle ruin
- - -	Fußweg / Footpath	ᛁ	Denkmal / Monument
- - -	Wanderweg / Hiking trail	🏛	Turm / Tower
•─■─•	Seilbahn / Funicular	⚑	Leuchtturm / Lighthouse
✈	Flughafen / Airport	📡	Sendemast / Aerial mast
⚓	Fährhafen / Ferry harbour	▲	Berggipfel / Mountain top
⚓	Hafen / Port	·	Höhenpunkt / Geodetic point
⛵	Windsurfen / Windsurfing	∩	Höhle / Cavern
✦	Aussichtspunkt / Panoramic view	✕	Bergbau / Mining
☪	Campingplatz / Camp ground	⊕	Krankenhaus / Hospital
🐎	Reitsport / Riding	🏖	Badestrand / Beach
▬▬	Ausflüge & Touren / Excursions & tours		

10 € GUTSCHEIN
für Ihr persönliches Fotobuch*!

Gilt aus rechtlichen Gründen nur bei Kauf des Reiseführers in Deutschland und der Schweiz

SO GEHT'S: Einfach auf www.marcopolo.de/fotoservice/gutschein gehen, Wunsch-Fotobuch mit den eigenen Bildern gestalten, Bestellung abschicken und dabei Ihren Gutschein mit persönlichem Code einlösen.

Ihr persönlicher Gutschein-Code: mpmkm5s9hr

Erlebe Deine Bilder!

Zum Beispiel das MARCO POLO FUN A5 Fotobuch für 7,49 €.

* Dies ist ein spezielles Angebot der fotokasten GmbH. Der Gutschein ist einmal pro Haushalt/Person einlösbar. Dieser Gutschein gilt nicht in Verbindung mit weiteren Gutscheinaktionen. Eine Barauszahlung ist nicht möglich. Gültig bis 31.12.2013. Der Gutschein kann auf www.marcopolo.de/fotoservice/gutschein auf alle Fotobuch-Angebote und Versandkosten (Deutschland 4,95 €, Schweiz 9,95 €) der fotokasten GmbH angerechnet werden. powered by fotokasten

www.marcopolo.de/fotoservice/gutschein

REGISTER

In diesem Register sind alle in diesem Reiseführer erwähnten Orte, Ausflugsziele und Persönlichkeiten verzeichnet. Halbfette Seitenzahlen verweisen auf den Haupteintrag, kursive auf ein Foto.

Appiani, Familie 67
Bagnaia 29, **56**, 90, 91, 94, 100
Biodola 9, 13, 72, 90, 101
Bolano, Italo 43
Calamita, Halbinsel 18, 45, 47
Campo nell'Elba 23, **59f.**, **87**, 95
Capo Bianco **40**, 91, 95
Capo Castello 50
Capo d'Enfola 72, 94
Capo Ortano 52, 54
Capo della Stella 50
Capo Vita 50
Capoliveri 12, 13, 14, 15, 22, 23, 28, 29, **45ff.**, 52, 89, 91, 100, 101
Capraia 74, **75f.**
Cavo 9, 23, 29, **49f.**, 96, 98
Cavoli **65f.**, 83
Chiessi 10, **69**, 84
Cima del Monte 44
Comte de Laugier 32
Costa dei Gabbiani 47f.
Cotone 61
Dumas, Alexandre 70
Duna Park 95
Elbaland 94
Etrusker 9, 10, **17f.**, 30, 52, 72, 94
Fetovaia **70**, 84
Fonte Napoleone 11, 67, 85
Foresi, Mario 32, 36
Forno 73
Forte Focardo 49
Foso di Marciana 58
Foso di Vallebuia 58
Giannutri 74, **77**
Giardino dell'Arte 47
Giglio 29, 74, **77ff.**
Ginevro 44
Golfo di Barbarossa 54, 94
Golfo della Biodola 13, 42, **72**, 73, 82

Golfo di Campo 64
Golfo Stella 9, **48f.**, 50
Golfo di Viticcio 9, **72**, 73, 94
Gorgona 74, **80**
Isola dei Topi 50
Isoletta della Paolina 85
La Chiusa 29, **56**, *57*
Lacona 9, **50**, *51*, 52, 88, 90, 95, 100
La Pila **61**, 82, 98
Le Tombe **70**, 84
L'Isola dei Pirati 95
Madonna delle Grazie 49
Madonna della Lacona 50
Madonna di Monserrato 23, **54**
Madonna del Monte 22, **68**
Madonna della Neve 50
Magazzini 18, **56**, *57*
Marciana Alta 22, 61, **67**, 68, 69, *84*, 85
Marciana Marina 9, 23, 29, **61ff.**, 68, 73, 81, 83, 85, 86, 94, 100, 101
Marina di Campo 9, 13, 28, 29, **64f.**, 68, 85, 90, 91, 94, 98, 99, 100, 101
Medici, Familie 9, 11, 31, 32, 33, 34, 37
Monte Calamita 44, 45, **49**
Monte Capanne 9, 16, 21, 56, 58, **68**, 84, 85
Monte Castello 23, **72f.**
Montecristo 74, **80**, *81*
Monte Enfola 72
Monte Perone 85
Morcone 15, 46
Napoleon Bonaparte 10, 11, **18f.**, 32, 33, 34, 35f., 42f., 68, 70
Narengo 49
Ortano 52, 54
Ottone 56f.

Palazzina Napoleonica 11, **35f.**
Parco Giochi Amadeus 94
Parco Nazionale dell'Arcipelago Toscano 8, 10, **18**, 34f., 67, **74ff.**, 99
Patresi Mare 63
Pianosa 74, **81**
Piombino 8, 54, 96, 98
Poggio 61, **66f.**, 85
Pomonte 10, **68f.**, 84, 94
Porto Azzurro 9, 10, 22, 23, 28, 29, 41, **51ff.**, 88, 91, 94, 96, 98, 101
Porto Santo Stefano
Portoferraio 7, 8, 9, 10, 11, 13, 14, 15, 18, 19, 23, 28, 29, **30ff.**, 56, 57, 82, 85, 88, 89, 90, 91, **93f.**, 96, 97, 98, 99, 100, 101
Procchio 9, 23, 29, **70ff.**, 82, 87, 90, 98, 101
Publius Acilius Attianus 34
Punta Nera 84
Punta Penisola 73
Punta Polveraia 41, 63
Rio Albano 44
Rio Marina 9, 15, 18, 44, **54ff.**, 94, 95, 96, 98, 101
Rio nell'Elba 29, **56**
Ripa Barata 63f.
San Martino 11, 19, **42f.**, 82
San Piero in Campo 22, **59f.**, 83, 85
Sant'Andrea **64**, 84
Sant'Ilario in Campo 22, **59f.**, 83
Scaglieri 73
Seccheto 29, 34, **66**, 84, 87

> *www.marcopolo.de/elba*

Sodoma (Giovanni Antonio Bazzi) 68
Spartaia 73
Spiaggia di Barbarossa 54
Spiaggia La Fenicia **62,** 85
Spiaggia Le Ghiaie 40
Spiaggia Le Viste 40
Terme di San Giovanni 20, **43**
Terranera 44
Valle delle Ceramiche 42
Valle della Gneccarina 69
Valle di Pomonte 58
Villa Napoleonica 19, **42f.,** 82
Villa dei Mulini 11, **35f.**
Villa Romana delle Grotte 43
Villa San Martino 19, **42f.,** 82
Viticcio 9, 72
Volterraio 57
Zanca **64,** 84, 101

> SCHREIBEN SIE UNS!

Liebe Leserin, lieber Leser,

wir setzen alles daran, Ihnen möglichst aktuelle Informationen mit auf die Reise zu geben. Dennoch schleichen sich manchmal Fehler ein – trotz gründlicher Recherche unserer Autoren/innen. Sie haben sicherlich Verständnis, dass der Verlag dafür keine Haftung übernehmen kann.

Wir freuen uns aber, wenn Sie uns schreiben.

Senden Sie Ihre Post an die MARCO POLO Redaktion, MAIRDUMONT, Postfach 31 51, 73751 Ostfildern, info@marcopolo.de

IMPRESSUM

Titelbild: Hafeneinfahrt von Portoferraio (Laif: Hartz)
Fotos: Capoliveri Haiku International Contest 2008 (12 u.); W. Dietrich (28, 63); © fotolia.com: jeancliclac (87 o. l.), John Keith (87 M. l.), Valery Kirsanov (86 M. l.), ZM Photography (14 u.), G. Gori (122); R. Hackenberg (Klappe l., 2 r., 3 r., 4 l., 5, 20, 32, 36, 48, 57, 69, 90, 91); HB Verlag: Gaasterland (53), Widmann (74/75); Huber: Huber (64, 76), Ripani (79), Giovanni Simeone (6/7); © iStockphoto.com: Pascal Eisenschmidt (87 M. r.), Laura Flugga (86 o. l.), Murat Koc (86 u. r.), Mike Panic (87 u. r.), Simon Podgorsek (13 u.), Andreas Prott (14 M.); G. Jung (Klappe l., 3 l.), 19, 22/23, 55, 71); M. Kirchgessner (3 M., 22, 24/25); C. Lachenmaier (8/9, 11, 16/17, 27, 28/29, 29, 30/31, 35, 39, 43, 44/45, 58/59, 66, 73, 82/83, 84, 88/89, 92/93, 101, 106/107); Laif: Hartz (1); Look: Pompe (46); Mandel Diving Center Elba: Silke Mevius (15 o.); Mauritius: Hubatka (65), Silke Mevius (12 o.); Okapia: Pölzer (4 r.); Picture-Alliance/ASA: Cantini (23); Relais delle Picchiaie & Residence Le Ginestre: Isabella Paladini (13 o.); D. Renckhoff (Klappe r., 2 l., 26, 40, 51, 95); Ronde dell'Isola d'Elba (14 o.); Sea Kayak Italy: Gaudenzio Coltelli (86 M. r.); F1 Online/Tips Images (81); Tenuta Acquabona (15 u.)

8., aktualisierte Auflage 2009
© MAIRDUMONT GmbH & Co. KG, Ostfildern
Chefredaktion: Michaela Lienemann, Marion Zorn
Autor: Rainer Stiller; Bearbeiterin: Caterina Romig Ciccarelli; Redaktion: Marlis von Hessert-Fraatz
Programmbetreuung: Jens Bey, Silwen Randebrock; Bildredaktion: Gabriele Forst
Szene/24h: wunder media, München
Kartografie Reiseatlas: © MAIRDUMONT, Ostfildern
Innengestaltung: Zum goldenen Hirschen, Hamburg; Titel/S. 1–3: Factor Product, München
Sprachführer: in Zusammenarbeit mit Ernst Klett Sprachen GmbH, Stuttgart, Redaktion PONS Wörterbücher
Das Werk einschließlich aller seiner Teile ist urheberrechtlich geschützt. Jede urheberrechtsrelevante Verwertung ist ohne Zustimmung des Verlages unzulässig und strafbar. Das gilt insbesondere für Vervielfältigungen, Übersetzungen, Nachahmungen, Mikroverfilmungen und die Einspeicherung und Verarbeitung in elektronischen Systemen.
Printed in Germany. Gedruckt auf 100% chlorfrei gebleichtem Papier

FÜR IHRE NÄCHSTE REISE
Ihre Reisecheckliste

Haben Sie alles im Gepäck?

- ○ Reiseunterlagen (Tickets, Buchungsbelege, Bestätigungen)
- ○ ELVIA Reiseschutz
- ○ Impfausweis
- ○ Krankenkassenkarte
- ○ Reisepass
- ○ Führerschein
- ○ Kopien aller Papiere (zur Sicherheit)
- ○ Einreise-Visum (falls erforderlich)
- ○ Wichtige Telefonnummern
- ○ Bank-, Kreditkartensperrnummern
- ○ Kredit- bzw. ec-Karten
- ○ Medikamente / Reiseapotheke
- ○ Kulturbeutel (evtl. Kontaktlinsenmittel, Gehörschutz, Kondome)

- ○ Sonnenbrille, Ersatzbrille
- ○ Fotoapparat, Videokamera
- ○ Adapter für Fön, Rasierer
- ○ Sonnencreme
- ○ Reisewaschmittel
- ○ Nähzeug
- ○ Wörterbuch
- ○ Lieblingslektüre
- ○ MP3- und / oder CD-Player
- ○ Straßenkarte

Stiftung Warentest Finanztest
GUT (1,8)
Im Test: 42 Angebote, für Jahres-Reiserücktritt die Bestnote nur für ELVIA
Ausgabe 11/2008

www.elvia.de
Reiseschutz auf einen Klick – weltweit!

Die Reiseversicherung der Allianz

> UNSERE INSIDERIN
MARCO POLO Korrespondentin Caterina Romig Ciccarelli

Caterina Romig Ciccarelli lebt in Florenz und reist mit Begeisterung regelmäßig nach Elba und auf die benachbarten Inseln

Sie reisen seit 1990 auf die Insel Elba?

Von unserem Ferienhaus auf dem toskanischen Festland kann man Elba beinahe bei jedem Wetter sehen, und ich nutze jede Gelegenheit, um auf einer der Inseln ein oder mehrere Tage zu verbringen. Für mich ist das immer wie eine kleine Reise in die Karibik!

Was reizt Sie an Elba?

Am liebsten fahre ich im Winter zwischen Oktober und Ostern rüber, wenn die Strände menschenleer sind und die Einheimischen Ihren gewohnten Alltagsbeschäftigungen nachgehen, mich manchmal mit Namen begrüßen und mir erzählen, was sich in den vergangenen Monaten so getan hat.

Seit wann sprechen Sie italienisch?

Ich wurde in Florenz geboren und bin zweisprachig aufgewachsen. Meine Schulzeit habe ich in Berlin verbracht.

Was genau machen Sie beruflich?

Ich arbeite in einem Florentiner Studio für Eventmanagement, Grafik und Design. Wir organisieren Events für Modefirmen, Ausstellungen und karitative Veranstaltungen der Florentiner Gesellschaft. Es macht mir sehr viel Spaß, vor allem, weil jedes Event andere Reize hat, neue Anforderungen an mich stellt und ich pausenlos die verschiedensten Menschen kennenlerne.

Was prädestiniert Sie als MARCO POLO Autorin?

Meine profunde Kenntnis der Inseln des Toskanischen Archipels, deren touristische Entwicklung ich beinahe von Anfang an miterlebt habe – mit allen Vor- und Nachteilen, die sich daraus ergeben.

Haben Sie spezielle Hobbys?

Meine beiden kleinen Kinder halten mich auf Trab – für Hobbys bleibt nicht viel Zeit übrig! Aber hin und wieder schaffe ich es, die Familie aufzuteilen. Und dann geht's ab in die Ferne: Reisen war schon immer meine große Leidenschaft!

Ihr persönliches Lieblingsessen?

Auch wenn das Mittelmeer wie alle anderen Meere total überfischt ist, bekommt man auf Elba immer noch köstliche Fischgerichte – mein allerliebstes ist *spaghetti allo scoglio,* ein dampfender Teller Spaghetti mit Meerestieren!

Gibt es einen Weg zurück nach Berlin, oder sind Sie hierfür „verdorben"?

Für eine Rückkehr nach Deutschland bin ich „verdorben" – und finde es wunderbar so!

> BLOSS NICHT!

Im Italienischen heisst das „Ma no!". Hier sei damit vor Dingen gewarnt, die Sie meiden sollten

Markenfälschungen unterstützen

Überall werden Sie dazu verleitet, Prada-Taschen, Rolex-Uhren, Lacoste-Hemden oder Gucci-Brillen zu ermesslichen, wenn nicht sogar zu Spottpreisen auf der Straße zu erstehen. Doch Achtung: Der Kauf von Fälschungen wird streng kontrolliert und zieht eine gepfefferte Strafe nach sich – für Verkäufer und Käufer!

Die Gefahren des Meeres unterschätzen

Vorsicht vor Unterwasserströmungen. Beachten Sie unbedingt Folgendes: Gehisste rote Fahne bedeutet absolutes Badeverbot, rote und gelbe Fahne: absolutes Badeverbot und (momentan) unbewachter Strand (also besonders gefährlich!), nur gelbe Flagge: unbewachter Strand, Baden auf eigene Gefahr. Bevor Sie einen Kopfsprung machen, sollten Sie die Wassertiefe überprüfen – die Transparenz des Wassers hat leider schon manchen getäuscht.

Die Umwelt belasten

Die Umweltschutzorganisation *Elbambiente* bittet die Touristen:
– Immer das Licht auszumachen, wenn ein Raum verlassen wird.
– Wasser mit Verstand zu gebrauchen, es ist knapp.
– Abfälle nur in die dafür vorgesehenen Behälter zu werfen.
– Kein Feuer anzuzünden und keine Kippen wegzuwerfen. Auch kleinste Brände sofort dem *Capo Forestale Statale* (Tel. 056 59 95 24 und 05 65 91 72 49) oder der Feuerwehr (Tel. 05 65 91 76 22 und 115) melden.
– Sich mit dem Boot dem Strand nur bis auf 200 m mit laufendem Motor zu nähern und die Anlegestellen durch die gekennzeichneten Korridore anzusteuern.
– Beim Tauchen Ihre genaue Position immer durch eine Boje an der Wasseroberfläche anzuzeigen.
– Keine archäologischen Objekte von ihrer Fundstelle zu entfernen, sondern sie sofort bei der *Capitaneria del Porto* (Tel. 05 65 91 40 41 und 05 65 91 85 98) anzuzeigen.

Gedankenlos Einheitskost bestellen

In den größeren Ortschaften werden oft mehrgängige Touristenmenüs für weniger als 10 Euro angepriesen. Lassen Sie sich nicht darauf ein – im Allgemeinen wird schlechte Einheitskost serviert.

Die Verkehrsregeln ignorieren

Wenn noch vor einigen Jahren kaum ein in Italien ausgestellter Strafzettel bis nach Deutschland in Ihren Briefkasten gelangte, sieht die Sache heute anders aus: Teuer wird falsches Parken (ab 35 Euro), Rotlichtverstoß und 20 km/h zu schnell (ab 140 Euro), Alkohol am Steuer (ab 260 Euro), telefonieren ohne Freisprechanlage (ab 71 Euro), außerorts ohne Licht (35 Euro) oder ohne Warnweste im Kofferraum (ab 35 Euro) fahren.